除了野蛮国家，整个世界都被书统治着。

司母戊工作室

诚挚出品

学会正确吵架

图解常见谬论及其反驳方法

[日] 桑畑幸博 / 著

——— 陈江 / 译

人民东方出版传媒
People's Oriental Publishing & Media

东方出版社
The Oriental Press

序言

毫无意义的口水战

我自称"讨论研究者"，现实生活中有许多颇有意思的讨论素材可供我研究。前些日子，我在我的朋友圈发现了一场"毫无意义的口水战"（我在不影响发言人本意的基础上编辑了发言内容）。

事情的起因是某个男编辑（且称作 A 先生）发了一条朋友圈，内容是：收到以推广为目的的赠书时，不直接向对方道谢而发在社交平台上，只会让人觉得此人只是想表达自己在出版社有门路，而书则沦为社交的工具。

同行业的女编辑（B 小姐）对此提出了异议，她表示：这个解释有些狭隘，在社交平台上扩散传播书籍的信息是有意义的。

而 A 先生则反驳道：我不认为只要能宣传推广书籍，就可以这样做。这样一来，作家也不用好好写了，编辑也可以不要了，连出版都可以省了。

到此为止，双方言论还算正常，各自的观点也都有一定的逻辑和建设性。人们的观念和想法不同，对赠书持有不同意见是正常的——赠书的优点和缺点、风险和回报，争一争，辩一辩，也是不错的。

但是，说完"出版都可以省了"之后，A 先生紧接着说的话却严重"歪楼"了：

如果连这种事都不明白，那还是不要干出版了，回去摆地摊烤饼干吧。

B 小姐截取了 A 先生的这句话，回击道：

用情绪化的口吻发表这种自以为是且带有性别歧视的言论，真不愧是日本的出版人。

接下来呢，没错，正如各位所想，最初关于"赠书答谢发朋友圈的对错"之争已被抛之于脑后，各种与主题无关的言论喷涌而出，一场口水战激烈展开：

你明知对方是女编辑，你这句话显然是性别歧视！

你不是性别歧视，而是职业歧视！

我觉得你在鄙视所有创新的行为！

瞧不起烤饼干吗？请向烤饼干的人道歉！

当然，其中也有一些冷静的观点，如"与其说他歧视女性，不如说他是在强调那种不过分商业化的营销模式"，但大多数言论还是对 A 先生的情绪化批判。

　　我个人认为 A 先生可能想以"摆地摊烤饼干"来隐喻粗制滥造快餐式书籍的行为。不过即使如此，他的言论也确实不妥。然而，一场有意义的讨论最终沦为无意义的口水战，在我看来，这并不只是 A 先生的责任，双方都有责任。

　　首先，来看看 A 先生的问题。

　　他说的"回去摆地摊烤饼干吧"具有十足的杀伤力，引发众怒，但问题更大的是前面那句"如果连这种事都不明白"。这即是在说"我是对的，你是错的"，也是其他讨论中经常出现的"贬低他人以抬高自己"的言论，这种言论会让人感到"被蔑视"，听者自然会大为光火。

　　A 先生在激起骂战后改口称"这是文学与社会学间的对立"。如果是这样的话，他与 B 小姐一开始的立场和视角就不相同，应该在讨论时明确说明自己的视角。总之，闹到最后，A 先生把 B 小姐拉黑了。要是一开始不逞口舌之快，冷静讨论或是干脆置之不理，就不会闹成这样。

　　其次，来看看 B 小姐有哪些问题。

她显然偏离了论题，由最初的"赠书答谢发朋友圈的对错"转为"性别歧视"，并就此展开关于"人身攻击"和"行业批判"的争执。

即使 B 小姐将 A 先生的言论解释为性别歧视，也应该稍微提出一些有助于加深相互理解的问题，比如："不要编辑跟赠书答谢发朋友圈有什么关系？"毕竟，保持理智冷静讨论才能促进相互理解，单纯的抬杠除了宣泄情绪，并不能解决任何问题。

这只是很常见的一个例子。众所周知，网上充斥着各种牵强附会胡搅蛮缠的仇恨性言论、谣言和对个人的中伤诋毁，这些都能很轻易地激起骂战。

关于这次新冠肺炎疫情，网络上或电视上有许多值得参考的言论，但是也有一些误解或因无知而起的夸张言论，以及恶劣的谣言和引发恐慌的煽动性言论，等等，泥沙俱下，令人茫然无措，不知道哪些是真的，哪些是假的。

而职场上的霸凌、性骚扰，家庭中的精神虐待等暴行同样在横行肆虐。

　　不愿受"谬论"摆布，不想屈服于那些意在欺瞒和凌虐对方的恶意言论，这种合理的危机意识是生活在当今这个时代所必需的，本书就是为具有这种危机意识的人而写。不用全部，若您能将本书中您认为"实用"的部分在工作或生活中加以实践，我将不胜欣喜。

桑畑幸博

CONTENTS

目录

CONTENTS

第一章

推论与谬论的分界线

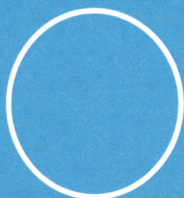

不存在毫无逻辑的想法，
直觉中也有逻辑

你简直荒谬!

你的父母、老师或领导是否对你这样说过？反正对我来说这是家常便饭（笑）。

当听到这句话时，我既曾表示认同并反省自己，也不止一次在心中嘀咕：难道你不荒谬？我想大家多少都有些类似的经历吧。

那么，被他们认为荒谬的"谬论"到底是什么呢？我们首先来明确一下其定义。翻开字典，"论"的定义是这样的：分析和说明道理；分析和说明道理的言论、文章或理论。而谬论之"谬",则有"错误、不合情理"之意,常见词语有"荒谬""谬误"。

因此谬论可定义为:于他人而言毫无意义,仅仅出于利己目的、缺乏逻辑或强词夺理的想法、观点。

但是有一点需要注意,就是看似缺乏逻辑的观点未必都是谬论,我认为,不存在完全没有逻辑的想法与观点。我们看一下具体事例:

假设你是销售部门的经理,手上有个重要的业务,原本进展顺利,可客户突然表示已经确定与别家供应商合作,也就是说,你们丢单了。随后你询问负责该业务的下属销售丢单原因,他的回答是:因为 A 公司的报价打了很大的折扣,比你们的报价低得多。而你问他有何依据,他则说是出于销售的直觉。

这个下属所说的"直觉"乍一听很像是随便给出的借口,而且缺乏逻辑,但其实这也是经过逻辑思考得出的答案。

逻辑思考原本就是指综合多个因素合理展开推论，得出的结论只要和推理因素不矛盾，即可归结为逻辑思考。

而要得出像"直觉"或"总觉得是这样"这种模糊暧昧的结论，一定是基于自己的经验与见闻，也就是综合多个因素后推理得出的。

在刚才的例子中，下属所说的"销售的直觉"，其实就是根据过往经验、客户特点等各种各样的信息得出的答案。

即使是所谓的"直觉"，也只是无法用自己的逻辑进行阐释（或者不曾思考过）的想法，而无法阐释的想法并不能断定就是缺乏逻辑思考的。

直觉中也有逻辑

为什么这么想？

?

直觉

实际上是根据自己的经验或见闻等各种各样的信息得出的答案。

无法用逻辑清晰地阐释，或者只是不曾想过要用逻辑思考（包括单纯觉得麻烦的情况）。

事实上，并不是只要有逻辑就能得到认同。

就算将直觉逻辑清晰地解释为"这是根据我以往的经验和客户负责人的性格得出的结论"，也可能被反驳："不能只靠这些就断定 A 公司打折吧。"

这时，经理会认为下属的想法太天真或逻辑性太弱，而如果下属进一步反驳："但是功能方面还是我们公司更好，所以只能是价格问题。再说，说不能再降价的也是经理您呀。"

经理听到这话应该就会想"你没意识到是自己信息收集有问题吗？""不要岔开话题"，等等。到最后，他可能就会说出这一"金句"：

你简直荒谬！

是的，下属也知道"自己的逻辑很弱"，但又不想承认自己的错误，更不想让人觉得自己有错，所以就会坚持那些对自己有利的逻辑，或者转移话题。

这就是典型的"谬论"。在这个例子中,上司没有正确指出下属的逻辑漏洞,而只是批评他荒谬,这种以势压人的言论同样是一种谬论。

我们梳理一下上述内容。

不存在毫无逻辑的想法与观点,也就是说,无论能否用语言阐述,所有的表达背后都有着表达者自身的逻辑。但是,当逻辑存在漏洞、推论错误时,人们会不承认错误,坚持己见,或者一开始就用简单粗暴的逻辑欺骗对方,把自己的想法强加给对方。

这不是"推论",而是所谓的"谬论"的真面目。

上述介绍的只是比较浅显易懂的谬论,实际在日常生活中,从业务谈判、方案展示到各种会议、邮件沟通以及社交平台上的交流,都充斥着许多普通人难以察觉的"巧妙的谬论"。本书开篇提及的仇恨性言论或霸凌性言论,以及谣言或网络骂战,等等,其中往往有许多恶意的谬论,而那些谣言的散播或情绪性争吵、诽谤中伤、网络骂战也由此产生,简直是"悲剧"。

因此，我们现在需要具备识破谬论的能力。这种能力不仅可以使我们免受他人的恶意伤害，也有助于避免我们自己在无意中讲出谬论。

这种"无意的谬论"正因为不易察觉，所以性质才更加恶劣。它会招致误解、愤怒和无谓的争执，最终让我们被领导、客户、朋友或家人敬而远之，那可就真的"悲剧"了。

那么，如何识破他人的谬论，并避免自己也在无意中讲出谬论呢？亦即，如何具备不受谬论摆布的思考能力呢？

我将在接下来的章节中对此进行详细说明，但在那之前，有一些基础知识是需要我们先掌握的，因为这些基础知识是形成这种思考能力的前提，即两种逻辑思维方法——演绎法和归纳法。

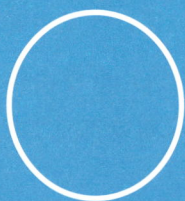

学好两种推论方法，
识破他人思维陷阱

听到演绎法与归纳法这两个词，许多人应该隐约觉得上学时学过，但又不记得具体内容。其实，这并不是什么艰深的知识。

比如，我们平时会问"今天吃什么"，答案通常是"今天吃拉面"。

答案的推论方法无非两种模式，分别称之为演绎法和归纳法。

加上一个"法"字，总会让人误以为使用这种推论方法是否需要一些特殊技巧，其实不然。我们每个人平时都在使用这两种方法思考问题和得出结论。

而了解这两种推论方法，对识破他人的谬论，并避免自己也在无意中讲出谬论至关重要。

本书将尽量避开逻辑学或数学等专业表达，力求简洁清晰、通俗易懂。

如前所述，逻辑思考是综合多个因素展开推论，最终得出结论。而在演绎法与归纳法中使用的多个因素以及推论方法如下。

1. 演绎法
将某个信息（事实、数据等）与前提条件（规则、常识、规律等）进行对照，再推导出结论。

2. 归纳法
基于多个信息（事实、数据等）得出结论（原因、结果、影响、对策等）。

基于前提条件
得出结论的演绎法

仅凭文字说明可能不太好理解，所以，我们将先以图示和具体事例讲解演绎法。

比如，在拥挤的地铁车厢里，我们为了不影响他人而调低耳机音量，这算是非常普遍的做法吧。

下图展示了这种情况下的思考模式，这就是典型的演绎法。将"地铁拥挤"这一事实（信息）对照"不影响他人"这一常识性行为准则（前提条件），再得出"下调耳机音量"的结论。

演绎法

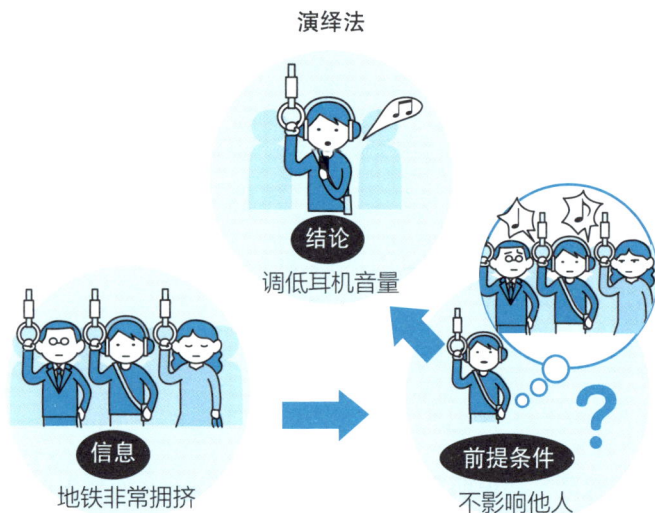

结论
调低耳机音量

信息
地铁非常拥挤

前提条件
不影响他人

当然，实际情况中我们自己并不会意识到这个推论过程，但是，开车时遇红灯停车，也是将"眼前亮的是红灯"这一信息对照遵守交通规则这一前提条件而作出的判断，这同样是基于演绎法。另外，职业棒球投手在挑战新的投球种类时，也是基于"不惧风险，勇于挑战"这一自身所奉行的价值观而得出"今后也将继续挑战"的想法，这也是演绎法。

有很多判断都是基于普适的常识与法律法规等规则或者自己的价值观等前提条件得出的。

在演绎法中，正确的前提条件可以推导出正确的结论和答案。那么，反过来想呢？如果前提条件是错的，得出的答案岂不也是错的？

关于这个问题我们将在后文详细说明，接下来我们先看一下另一种思考模式——归纳法。

基于多个信息
得出结论的归纳法

演绎法的思考过程是对照前提条件，然后得出结论；而在归纳法中，只有多个信息，没有可对照的前提条件。

请看下面的图示。下属最近有些异常，工作频繁出错，上班时总是若有所思，也几乎不再与同事闲聊。基于这些信息，你推断"他一定有什么烦恼"，这就是归纳法。

归纳法

结论

他有烦恼

工作频繁出错　　时常若有所思　　不与同事闲聊

信息

　　另外，从"母鸡会下蛋""燕子会下蛋""企鹅会下蛋"这些信息推断"鸟类会下蛋"，以及根据"招聘统计数据"或"股市行情"等数据推断"经济恢复势头良好"等都属于归纳法。所以，归纳法是指从多个信息中找出共同点和规律，再得出结论的思考过程，我们在日常生活中也经常运用归纳法推导答案。

　　但是，与演绎法不同，通过归纳法得出的答案终究只是基于某些信息得出的推论，并不能保证答案一定正确。下属近来有些异样，并不是有什么烦恼，可能只是单纯厌倦了工作。另外，如果我们了解到也有不下蛋的鸟，或是遗漏了影响经济形势的其他重要信息，结论又会发生变化。

　　所以（接下来的推论也是一种归纳法），基于不同的信息可能得出不同的结论，是归纳法的缺陷，关于这一点我们将在后文详细说明。

第一章小结

· **不存在毫无逻辑的想法，直觉中也有逻辑**（无意识地根据
  经验或信息得出答案）。

· 如果所有的想法都有逻辑，那谬论又是什么？

什么是谬论

谬论存在于以下两种情况：

1. 当逻辑存在漏洞、推论错误时，人们会因不愿承认错
误而坚持己见；

2. 一开始就用简单粗暴的逻辑欺骗对方，想把自己的想
法强加给对方。

· 逻辑思维包括**演绎法**和**归纳法**这两种结论推导方法。

什么是演绎法

将某个信息与前提条件进行对照，再推导出结论的思维方法。

例：信息 = 眼前亮的是红灯

　　→ 规则 = 红灯时应该停车

　　→ 结论 = 看到红灯即停车

什么是归纳法

基于多个信息（事实、数据等）得出结论（原因、结果、影响、对策等）的思维方法。

例：多个信息 = 最近下属工作频繁出错 + 上班时若有所思等

　　→ 推论：下属应该有什么烦恼

第二章
识破谬论的基本原则

产生演绎式谬论的"不恰当的前提条件"

如前所述，在演绎法中，正确的前提条件可推导出正确的结论和答案。反之，若结论的唯一根据，即前提条件有误，又会如何？

不难料想，在演绎法中，错误的前提条件经常会导致错误的结论。我们看一下具体例子。

我与 A 小姐经朋友介绍认识，初次见面时她问我："对了，您是什么血型？"我回答："A 型。"她笑了："那您应该是个一丝不苟的人吧。"这位 A 小姐的思考过程遵循的显然是演绎法。

将该思考过程图像化后，则如下图所示，A 小姐得出"那您是个一丝不苟的人"这个结论，是基于"A 型血的人是一丝不苟的"这个"普遍看法"。

"不恰当或错误的前提条件"下的演绎式思考过程

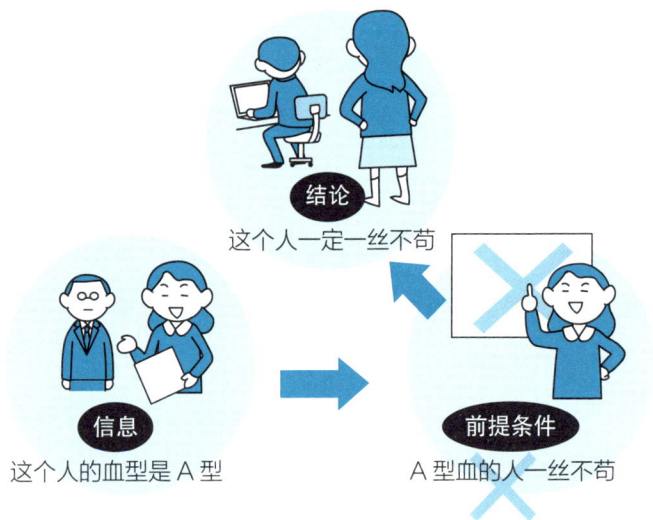

结论

这个人一定一丝不苟

信息

这个人的血型是 A 型

前提条件

A 型血的人一丝不苟

那么，"A 型血的人是一丝不苟的"这个"普遍看法"是正确的吗？很遗憾，我们不得不说那是错的。

目前并没有科学根据表明血型差异会影响人的性格，反而有许多论文都明确否定了这一点。然而还是有一部分人，不，可以说相当多的人都对血型——性格论深信不疑，比如电视的早间新闻或者综艺节目里出现的"B 型血今日运势最佳"等。

不过，我并不想斥责这种无聊的迷信。作为一种娱乐，这已经算是危害较小的迷信了，我只是想以此为例，说明何为"错误的前提条件"。**真正的大问题，是由"错误或不恰当的前提条件"所推理得出的有害的结论。**

"不好意思，今天你能把这个资料整理好吗？"领导在临近傍晚时向下属指派工作，而下属则表示："抱歉，我今天和朋友约了去看演唱会，要准时下班。"

领导听罢突然心头火起：

出去玩儿比工作还重要吗？开什么玩笑！给我加班做，这是命令！

这就是"令人遗憾的演绎法"的典型案例，即由"不恰当的前提条件"推导出错误结论。

鉴于近年来的工作方式改革趋势以及人们对自身权利

的日益重视，领导的这种言论越来越不被接受。极端情况下，人们会将其视为职场霸凌。

在这位领导的言论中，因为存在"工作优先于私事"这一前提条件，所以，他由"下属拒绝了加班要求"这一信息推导出了"应予以斥责并强制要求加班"这一结论。

在这种情况下，上司并非有意刁难，而是他真的认为工作优先是理所应当的，即认为此乃常识。因此，如果下属向人事部反馈"自己遭到了领导的职场霸凌"，恐怕这位领导还会一头雾水，困惑自己何错之有。

领导在职场霸凌中令人遗憾的演绎式思考过程

这是常识啊！

我们常将这句话挂在嘴边，但是，那真的是"常识"吗？

在刚才的例子中，"工作优先于私事"真的是常识吗？你是如何看待的呢？

固然有人视其为常识，而视其为荒谬者应该也不在少数。所谓常识，只有被世间多数人认可，才算得上常识。例如，若是对该问题进行问卷调查，而选择"是"或"不是"的结果只是6∶4，那"工作优先于私事"就不能算是常识了。

可我年轻那会儿……

没错，"工作优先于私事"的确曾是"常识"，只是如今已时移世易了。过去的常识不再适用于当下，仅此而已。

除了"工作优先于私事"之外，许多不再适用于当下的过往常识，都会令人感到过时、顽固、僵化。而以已经不是常识的偏见推导出结论，并坚持以其为常识并强加于他人，实乃真正的"谬论"。

例如，在尊重多样性和个体差异，对性别意识和侵害行为高度敏感的现代社会，像"男人（女人）就是如何"或者"一切服从领导指示"这类古老常识，光是宣之于口就足以视为性骚扰或职场霸凌了。

除工作以外，严禁体罚孩子已成为当下的常识，因此，过往以管教之名理所当然对孩子动手的行为，现在也被视为虐待并遭到批判，这也是当下的常识。

所以，**在演绎推理中，我们必须留意前提条件是否正确**。而且，前提条件并非只是常识，针对这一点，我们也来看一下具体例子。

乘坐扶梯时，关东地区习惯为右侧行人让出通道，关西地区则是左侧。这是尽人皆知的当地习惯做法，若对此不甚了解，则难免遭到后方行人的不满。

最糟糕的甚至会受到这样的指责："在东京坐电梯要站左侧啊，真是乡巴佬。"但"让出右边"这一错误结论，也是由"关东地区的常识"这一"不恰当的前提条件"经演绎推理得出的。

电梯原本是让人不用走路的工具，而不是为了走得更快，所以虽然可以理解有些人着急赶路，但也有一些人想并排坐电梯，如一家人，或者老年人、残障人士等。而且，如果电梯很长，就算空出一侧，多数人也是不愿走的，反而常常会在电梯上排成长队。在伦敦曾经进行过一个社会实验，结果显示，在扶梯上排成两列无人行走的情况下，电梯的使用效率提高了近30%。

希望读者朋友们不要误会，我并不是认为不应该在扶梯上行走，我想说的是，我们应该留心，不要受那些地域、行业、群体等的狭隘常识的限制，这些常识只是因为"向来如此"，而不是说这些常识就是真理。

许多人跳槽后，发现在新的职场环境中司空见惯的常识与之前的公司或行业全然不同。所谓的"名古屋快走"或"伊予快转弯"这类明显违反道路交通法却在某个地区固定下来的本土习惯，也是"错误的狭隘常识"。

我们应警惕不要将这种仅适用于特定地区、行业、群体的狭隘常识作为思考的前提条件。

　　再者，除了过往常识和狭隘常识，还有一个可能导致错误结论的"不恰当的前提条件"，即个人的价值观。

　　比如，在"人是为了社会、为了别人而活"这个价值观的前提下，很多人会批判那些稍微自我的人。

　　但是，"自己活得好就行"也是一种价值观，虽然未必值得赞扬，但也不必全盘否定。

执着于自身价值观的演绎式思考逻辑

结论
必须批判

信息
此人行事十分自我

前提条件
人是为了社会、为了别人而活

另外，"今朝有酒今朝醉"的享乐主义也是一种价值观，即使劝诫持有这种价值观的人要"为下一代作长远打算"，他们也未必能轻易改变想法。

可我们总是固执地认为自己的价值观是对的，都想将自身的价值观强加给别人，这也是因"不恰当的前提条件"而导致的演绎式思考逻辑，这种糟糕的逻辑在听者看来，就是不折不扣的"谬论"。

那么，对于这些基于过往常识、狭隘常识以及个人价值观而产生的谬论，我们如何做才能免受其害呢？

办法只有一个，就是让对方意识到自己观点的前提条件，以及反思该前提条件是否正确。

所以，要"反问"。

比如，领导批评想按时下班的下属，强制要求其加班时，下属就可以反问："为什么一定要加班？"在引导领导说出自己想法的前提条件，即"工作优先于私事"后，则可以反问："这在当今社会还是合理的吗？"

当然，向领导提出这种问题的确很难，因为如果被怀恨在心，今后的工作就很难开展。但即使如此，我们也要坚持。一味屈从于这些基于过往常识或狭隘常识的谬论，只能永远深陷其中，无法摆脱。更可怕的是，习惯成自然，不知不觉，我们会将谬论视为常识，并讲出同样的谬论。

所以，要坚持沟通并说出自己的想法，至少让对方意识到他所遵循的前提条件并不总是正确的。在这个案例中，我们可以如此回应上司："工作当然很重要，但是现在也很讲究工作与生活的平衡啊！所以不好意思，今天请让我按时下班，那是我乡下来的朋友，都五年没见了！"即使掺杂一些谎言，也要让对方意识到，"工作优先于私事"这一前提条件并非总是正确，甚至已经过时。

应对基于个人价值观的谬论也是一样，可以反问其"为什么"，从而引出以"人是为社会、为他人而活"这一观点为前提条件的价值观。

在充分理解对方价值观的基础上，我们可以提出自己的观点，捍卫自身的价值观。每个人都有自己坚持的价值观，原本就难有正误之分，比如你劝那些希望活在当下的人应该"着眼未来作长远打算"，他们多半会觉得你在多管闲事。

明确对方的演绎式谬论的前提条件，并让其意识到该前提条件并非绝对正确，这就是应对演绎式谬论的方法。

造成归纳式谬论的
"片面信息"

相对于基于前提条件推导结论的演绎法，归纳法则是基于多个信息推导结论。

那么，为什么会产生归纳式谬论呢？又该如何免受这种谬论的伤害呢？

任何领域都有一些"野生评论家"，比如职业棒球，我们常常能在网上看到这样的评论：

让 N 替补击球显然是教练指挥失误，派他出去只是因为教练喜欢他，结果三振就出局了。

那么，这个"指挥失误"的结论是正确的吗？

当然，仅就结果（三振出局）而言，这个结论似乎是正确的。但如果我们考虑到教练在当时派 N 选手替补击球的意图，也就是逻辑，那不得不说"指挥失误"这个结论言之过早了。

而这个"野生评论家"为什么会得出这样的推论呢？自然是基于过往的多个信息了（如下图所示）。

"野生评论家"的归纳式推论

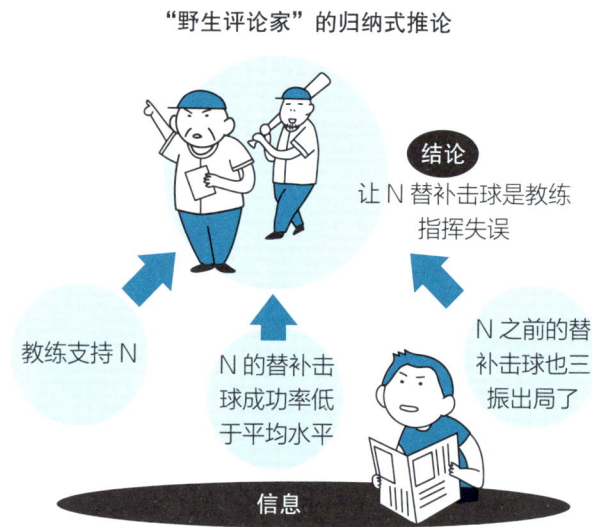

结论

让 N 替补击球是教练指挥失误

教练支持 N

N 的替补击球成功率低于平均水平

N 之前的替补击球也三振出局了

信息

的确，基于这些信息得出"指挥失误"的结论也不无道理。但是，在这个评论下面也有这样的评论：

他上上次替补击球的时候，打出过一个起死回生的两分本垒打你忘了吗？

如果考虑到这还只是比赛前期，那在这里安排 N 比安排王牌球手 M 更合适吧。

这两个评论的共同点在于，他们都指出了原评论的一个问题，就是参考信息不足。

产生归纳式谬论的原因，无外乎样本以及参考信息的选择方法。

我们习惯于根据多个信息总结归纳出结论，但我们当然不可能掌握世上的所有信息，我们只能根据自己已知的信息进行推论。

所以，在刚才的案例中，如果不知道或忘了"N 在上上次替补击球打出过一个本垒打"，别人就会认为这个评论是基于错误的信息得出的错误结论，不过是"仅就结果而言"的谬论。

因信息遗漏（样本不足）或信息片面而得出错误的结

论，这种情况称为"轻率概括"。

我们再看一个其他案例。

下图是日本法务省公开的青少年（20 岁以下）恶性犯罪（抢劫、杀人、放火、强奸）的到案数据，那么从中可以归纳得出什么样的结论呢？

"还是以前好"的归纳式推论

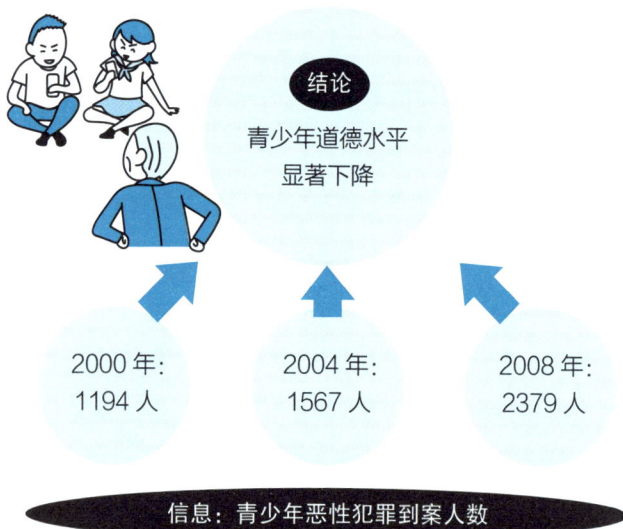

结论

青少年道德水平
显著下降

2000 年：
1194 人

2004 年：
1567 人

2008 年：
2379 人

信息：青少年恶性犯罪到案人数

这里只列出了数据，但综合考虑我们所知的其他信息，有可能得出各种结论。

首先，可能出现一些关于犯罪原因和社会背景的推论，如"互联网的普及让青少年更多接触到不恰当的信息是原因之一""监控摄像机数量增多，也是逮捕率上升的原因"，等等。

其次，还可能基于这些数据推测今后可能产生的结果和影响，如"2020 年怕是要突破 4000 人了""今后死刑也应该适用于青少年罪犯"，等等。

除此之外，还能得出各种各样归纳式的结论，比如"青少年的道德水平显著下降"，即"还是以前（我们年轻那会儿）好"便是其中之一，这样的观点其实也是司空见惯的。

的确，如果有人说"以前没有老是强调不能体罚，现在的青少年都被宠坏了，所以不懂得忍耐，道德水平也下降了"，听起来似乎也不无道理。

但是，在轻易认同对方观点之前，我们还是应该稍作思考，比如了解前后年份的详细数据。

实际数据显示，在已知的三个数据之前的年份，即1960 年的到案人数为 8212 人，而之后的年份 2018 年则为549 人。如果加上这些新信息，那么仅从上一页的三个数据归纳得出的结论，即"还是过去好，现在青少年道德水平每况愈下"，就无法成立了。

信息遗漏导致归纳推理失误

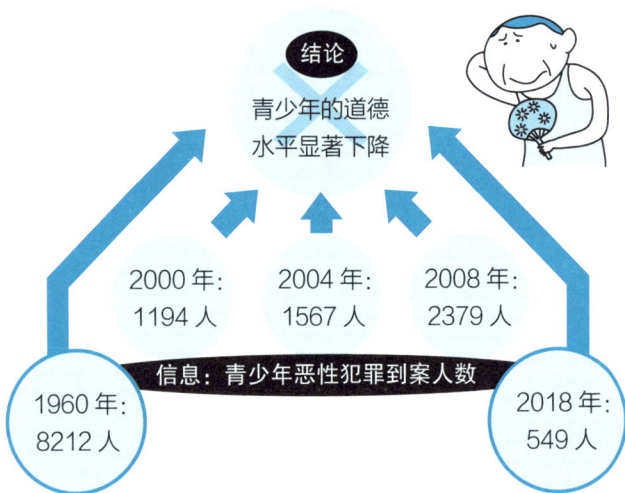

结论

青少年的道德水平显著下降

2000 年：1194 人　2004 年：1567 人　2008 年：2379 人

信息：青少年恶性犯罪到案人数

1960 年：8212 人

2018 年：549 人

日本社会如今的确少子化趋势严重，但1960年的青少年人口并没有比2008年多出两倍，而青少年恶性犯罪的到案人数却是2008年的三倍。

如果考虑到最近"老年人耍无赖"的事例，那几乎可以基于这个数据得出这样的结论：不是老人变坏了，而是坏人变老了（当然，这也属于"轻率概括"）。

看到2018年的数据，我们甚至可以说现在的孩子们真是"温良恭顺"，但大多数人并不这样认为。日本总务省调查显示，半数以上的人认为青少年犯罪有所增加，也就是说，事实与我们的印象存在偏差，为什么会这样呢？

其中一个很大的原因在于媒体的报道倾向。社会上每天都会发生各种各样的事，但一旦发生了一个重大事件或事故，与之相似的事件就会被过度关注和报道。

比如老年人开车导致的车祸或驾驶事故。这些事件并不是骤然增多，只是媒体过去未曾关注，在某个事件之后才开始大量报道。如果媒体一天到晚报道的都是类似事件和事故，观众接收到的就是片面的信息，并会据此得出错误的推论。

我并不是要批判媒体，但我们应该认识到媒体提供的信息具有上述特点，并直面这样一个现实：舆论或多或少都会受到这种报道倾向的影响。

那么，在刚才的案例中，人们基于部分青少年恶性犯罪数据便轻率得出结论，对于这种归纳式谬论，应该如何识别呢？方法就是，质疑对方是否只展示了符合已有结论的信息，即"选择性展示"。

选择性展示的案例有很多。比如销售人员在制作与竞争对手的对比表以说明自家产品的优势时，只挑选自己公司的优势项目进行比较；在表达观点时只介绍支持者的言论以说服别人；媒体在街头只采访特定对象却称之为"大众心声"，等等。

因此，当碰到有人列举多个信息，说明基于这些信息的结论时，要识别它是不是归纳式谬论，只要质疑他的选择样本是否充足，是否存在选择性展示即可。

另外，面对归纳式谬论，还有一个值得注意的关键之处，就是参考信息的真伪。

以捏造的数据或有意歪曲他人的观点来陈述推论显然是不怀好意的卑劣行为。另外，即使没有恶意，也可能是将错误信息信以为真并在社交平台上转发，或是数据计算有误。

所以，当有人将基于多个信息的归纳式推论理所当然地强加于人时，要免受其害，除了确认其信息样本是否片面，也要留意其参考信息的真伪。

谬论成灾的霸凌性言论
和仇恨性言论

在前面的章节中，我们说明了将信息与前提条件进行对照得出结论的演绎法，以及基于多个信息得出结论的归纳法。

让我们稍微复习一下：面对演绎式谬论，要留意其前提条件的正误；而面对归纳式谬论，则要留意其信息样本是否片面，信息内容是否真实。

接下来请大家思考一个问题：演绎式谬论的基础，即"不恰当的前提条件"，具体而言，就是不再适用于当下的过往常识或仅适用于某个领域的狭隘常识，以及个人自以为是的价值观等，都是如何形成的呢？

我们来看一个具体案例，在说明演绎式谬论的那个案例中，下属拒绝了领导的加班要求，随后领导发火并命令下属加班，这一职场霸凌言论的前提条件，即"工作优先于私事"这一过往常识（或自以为是的价值观）是如何产生的呢？

没错，那一定是基于一直以来的经验。领导年轻时，周遭都是工作狂，家庭或兴趣爱好都是次要的，连妻子生日当天他也去加班，约好周末陪孩子出去玩，但还是反悔跑去上班。有这些经历的人，自然会认为"工作优先于私事"是常识。

将上述推理过程图像化后（可参考下页图），我们可以了解到，实际上我们在推理过程中，既会使用演绎法，也会使用归纳法。

无论工作方面的常识，还是个人价值观，各种演绎推理的关键，即前提条件，其实是基于过往经验归纳推理得出的，这些结论久而久之便内化为当事者的常识。

职场霸凌言论的形成

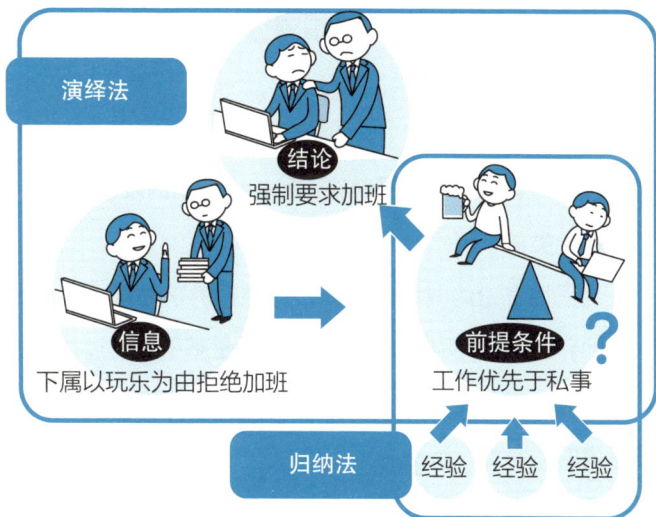

演绎法

结论
强制要求加班

信息
下属以玩乐为由拒绝加班

前提条件
工作优先于私事 ？

归纳法

经验 经验 经验

看到女下属剪了短发，便（自以为）开玩笑似的调侃"是不是失恋了"，结果却招致对方性骚扰的指控。这也是因为说话人基于过往经验（主要是从前辈或杂志等渠道了解）形成了过时的错误常识，即"女人一失恋就剪头发"。

"女人应该照料家庭""就该男人请客""孩子是父母的财产""恋爱是和异性谈的""顾客就是上帝""老师是神圣

的"，诸如此类已过时的常识、价值观皆源自经验，并由此产生职场霸凌或性骚扰等不当言论。

除霸凌性言论外，还有仇恨性言论。之所以会形成所谓的仇恨性言论，即针对种族、民族、性别的歧视性言论，也是基于类似原因。

仇恨性言论的演绎式根据，即推理的前提条件，比如"中韩两国的人都反日"这一言论也只是基于某人过往了解到的信息，经归纳推理得出的，甚至连那些信息也几乎都是听说的，而没有亲身经历过。

反之，有些日本人结交或认识中国人或韩国人，他们就会认识到中韩两国与日本之间的对立源于国与国之间的利害关系以及历史遗留问题，并且他们的交友经历会让他们明白，国家间的对立并不会影响个人间的正常来往。

那么，"中韩两国的人都反日""同性恋是变态"，甚至"福岛的农作物不能吃"……诸如此类的观念已在当事人心中根深蒂固，而这些错误的结论又是基于什么得出的呢？

说到底，主要还是基于个人经验、媒体以及社交平台上的信息。

特别是许多人在社交平台上都会关注与自己观点、喜好相似的人，所以越来越多的人将自己的喜好等同于大众舆论。

糟糕的是，因为这些人误以为自己了解真相，所以，即使别人展示了不同的数据或者证据反驳他们，他们也会以"你被骗了"这类无从验证、简单粗暴的胡说八道来正当化自己的言论，或者蔑视持有不同观点的人。

而在这种霸凌性言论或仇恨性言论中，我们常常会看到被称为"威胁言论"的谬论。

所谓威胁言论，举个简单的例子，比如领导经常对下属说的经典台词"如果你不服从我的领导，那只能让你走人了"，就属于此类。而根据相关法律法规以及公司规定，员工即使没有服从领导，大多数情况下也不至于走人。

但是，在一些威胁言论中，发言者利用自身的优势地位，仗势欺人，简直罪加一等。比如"你要是不在这儿给我下跪道歉，我就跟你们老板投诉你哦"（客户威胁）、"要是对我的诊断有意见，那就出院好了，不要住这里"（医生威胁）。

静下心来想想，这种谬论既卑劣又恶毒，因为明明有其他选择，却偏要逼得你无路可走。发表霸凌性言论或仇恨性言论的人常常会通过贬低别人来获得优越感，在序言中提及的"连这种事都不明白"就是典型的案例。

要免受这类恶毒之人的恶毒言论的侵害，无视即可。

有些人只听自己想听的，只看自己想看的，从而进一步强化了那些"不恰当的前提条件"，即使我们希望与这些人进行建设性的交流，最终都只能是浪费时间。他们根据片面的信息进行归纳推理，得出"不恰当或错误的前提条件"，再以此展开演绎推理。

在这个恶性循环中，他们投入大量的时间一次次强化那些错误的认知，并将那些极端偏激的观点视作常理。要和这些人冷静探讨问题是极其困难的，不如一开始就放弃交流，还更轻松和安全一些。

　　若不幸在社交平台上招惹了此类人，相信我，你所有想深入理解对方的尝试与花费的时间都将徒劳无功。抑制自己想要反驳对方的冲动，尽快拉黑对方，当作一切从未发生，才是上策。

　　涉及意识形态的问题尤为棘手，有些人动辄批判政府，而有些人则与之相反，容易情绪化地批判其他国家的民族性。这些在网上发布极端言论的人无不坚信自己是"正义的化身"。

　　我也曾与这类人有过交锋，但他们总是转移话题，满嘴谬论（后续章节会提到），有过多次这样的经历后我才领悟到，和这类人的讨论只是徒劳。

　　另外，有些网友散播医学谣言和阴谋论，几与邪教无异，无论如何向他们实证、反驳、批判，他们都会充耳不闻。

　　有时，避开谬论也是免受其害的上上之策。

第二章小结

演绎式谬论是什么

在演绎推理中，不准确的前提条件很可能导致不准确的结论，而固执地坚持这种不准确的结论即为演绎式谬论。

应对方法：针对对方的前提条件反问"这在当下真的还算得上是常识吗"。

归纳式谬论是什么

片面的参考信息很可能导致片面的结论，而固执地坚持这种片面的结论即为归纳式谬论。

应对方法：确认其推理所参考的信息，如有不同信息也可展示。

霸凌性言论、仇恨性言论的形成

过往信息、片面信息、未经确认的信息

⬇ 归纳式思考

形成过时常识或片面价值观

⬇ 演绎式思考

"女人怎么能当领导""同性恋要送精神病院"

⬇ 基于片面价值观收集信息

片面信息、未经确认的信息

⬇ 过时常识与片面价值观在此恶性循环中得到强化

应对方法：经年在此循环中得到强化的价值观，想要通过讨论与其达成相互理解可谓难如登天。置之不理才是上策。

第三章
识别偷换论题

暴力的"诉诸人身谬论"

在前面的章节中，我们阐述了推论的基础，即演绎法和归纳法这两种思维方式，以及基于此的演绎式谬论和归纳式谬论。

接下来我们将进一步深入说明各种谬论的形式以及应对之法。

请回想一下序言中那场没有意义的口水战，争论的焦点一开始是"赠书答谢发朋友圈的对错"，而 B 小姐却用与此全然无关的"歧视女性"这一观点批判 A 先生，这就是典型的偷换话题。

偷换话题是狡辩的典型手法，大家平时应该多少有些耳闻。

比如会议中出现不同观点时，有人会说"就因为你这种表达方式所以才显得你不靠谱，你总是……"这种反驳就是偷换话题。那个人的表达方式或许确实有问题，但不去讨论观点本身，而转向攻击对方的人格，这就是充满恶意的语言暴力。

为什么人们会偷换话题呢？自然是为了占据优势立场。很多时候，当人们在原先的话题下已无胜算，就会偷换话题，以此重新占据优势立场，这种偷换话题的形式就是"诉诸人身谬论"。如此我们便可以明白，在序言的案例中，B小姐批判 A 先生的措辞不当，针对的也不是与原来的话题相关的观点内容，而是转移话题并对 A 先生予以反击。

所以，诉诸人身式的偷换话题，往往会变成人身攻击，特别是在有旁观者在场的场合，比如在会议中或社交平台上，通过偷换话题诉诸人身，可以给其他参会人或社交平台的读者造成一种印象，即这种人的观点不可能是对的，以此占据优势立场。

多么敷衍可笑的谬论！

而实际上，我们应意识到，无论年龄大小，我们都会有意无意地去操控别人的想法。

揪住在野党党员的国籍问题或执政党内阁官僚的过往言论，妄下结论，认为这种政治家的言论不值一听；小孩子攻击朋友，说"某某总是……"并固执己见……诸如此类的行为从根本上说都是通过对他人不良形象的强调来占据优势立场。

坦白地说，我自己也曾经犯过偷换话题的错误，不，世上应该没有人不曾在讨论中偷换过话题吧。

社会上随处可见偷换话题、诉诸人身的行为，那我们怎么做才能避免自己在讨论中偷换话题以及在受到攻击时免受其害呢？

当别人对我们进行人身攻击时，最重要的是"先道歉"。比如承认我们的表达方式的确存在问题，并向对方道歉。

然后再提及原先的话题，将讨论的焦点引回正途。如此一来，对方虽暂时占据了优势立场，但之后也只能继续讨论原来的问题。

顺利的话，诚挚的道歉还会博得其他参会人或社交平台上读者们的好感，认为此人端正严谨，从而反将对方一军。

然而，不知是因为不了解这类不易被人察觉的语言暴力，还是即使知道也不愿道歉，无论政治家还是在社交平台上发表言论的网友（如序言中的 A 先生），不愿承认错误并道歉的人比比皆是，简直就是"要道歉，毋宁死"。

而病根大概就是那点可怜的自尊吧，他们相信自己的经验与能力，认为自己观点正确，并且希望维护自己的权威，比如"某个领域的大神"或是其他头衔。所以他们认为自己不能、也没必要承认错误，就算被人身攻击，也不应该道歉，错不在己，而在对方。

通过经常输出有建设性的观点，赢得来之不易的社会地位，却因困于这种狭隘的想法死不道歉，则无异于本末倒置。

我们应当意识到这种风险，即任何人，包括我在内，在准备表达时，都可能因为那点可怜的自尊死不认错，但建设性的讨论不需要自尊。我们反而应该养成习惯，在讨论时丢掉无用的自尊，在遭到人身攻击时尽快道歉，并围绕原先的论题展开讨论。

必须坚决反击的
"'你也一样'谬论"

　　偷换话题除了"诉诸人身谬论"之外，还有许多其他形式，在此想向大家介绍的是"'你也一样'谬论"。这种形式和诉诸人身一样，在职场和私人生活乃至社交平台上都十分常见。

　　比如，某个接球手出身的棒球评论员在解说中批评接球手的离垒失误时，有人会批评该评论员"他自己当年也犯过离垒失误啊"，这就是"'你也一样'谬论"。类似于网上常见的"你有什么资格这样说"或"原话奉还"。当人们想把批判对象的观点定性为"不足为信"时，就会提出该谬论。

这种谬论还有一种变形，就是不针对谈话对象，而是把第三方引为例证。比如孩子挨批时会说"某某也一样啊"；工作失误被领导批评就顶嘴说"我如果该批，那某某也该批啊"，诸如此类。

人们扯出谈话对象的过去或把第三方引为例证，是因为不仅想让对方承认犯错的"不止自己""自己所犯的错不值一提"，而且自己也想要这样认为。

每个人都认为自己犯错情有可原，也由此催生了"'你也一样'谬论"，可以说几乎所有人都可能在无意中说出这种谬论。

但是试想一下，即使把他人引为例证，表示"别人也犯过同样的错"，甚至"比自己更严重"，也并不能抹杀我们自己或者我们支持的人犯过错的事实。无论和谁作比较，都不过是半斤八两、五十步笑百步，并不能否定对方批评的内容。

即使指出对方过去犯过同类的错误，把对方牵扯进来，也并不能消除自己的过错。

再者，把对方牵扯进来这种行为本身就有问题。

工作也好，生活也好，没有人不犯错，而因为过去犯过错就失去了批判的资格，这种谬论如果成立，那么所有基于经验的批判和指导都会被否定。

许多公职人员、企业管理人员、职业经理人的言论中都存在"你也一样"这样的语言暴力，我们应该意识到这种现象的严重性。

"你有什么资格这样说"这种说辞不过是另一种并不高明的语言暴力罢了，我们应该对此有所察觉并广而告之。在我负责的培训班或研修班上，每逢讨论，我都请学员们尽量不把自己牵扯进来。只有这样，才能形成健康的讨论氛围，催生对彼此都有益的意见。

这样一来，应对"你也一样"的方法也就呼之欲出了：如果对方将他人引为例证，提出反驳，表示犯错者不止自己，我们应向其表明：现在讨论的是你的问题，与他人作比较毫无意义。

另外，当对方表示"你有什么资格说这种话"时，应对方法与前文提到的"诉诸人身谬论"的应对方法一样，就是勇于承认自己的确犯过同样的错误，同时真诚地告诉对方："因为我吸取了过往的教训，并且不希望他人重蹈覆辙，所以我更有资格发表看法。"如此一来，对方也很难继续提出反驳。

不过有一点需要注意，就是在应对"'你也一样'谬论"的时候，不要咄咄逼人。

许多网友在社交平台上攻击政客或艺人，不过是想找个出气筒，对于这种情况只要无视就好。而如果有人针对你的观点和指导发表这种谬论与你正面交锋，也不要太过愤怒，许多时候他们也只是为了自保。

比如在指导下属时，下属的言论中出现了"'你也一样'谬论"，倘若你得理不饶人，非要对其犯的过错追根究底，对方可能再也不会听从你的指导，极端情况下甚至会指责你的行为是职场霸凌，还可能一走了之。

所以，我们应向对方强调，我们并非要指责对方，而是希望让讨论往好的方向发展，然后将讨论引导回原来的话题。在这种情况下，如果表达方式不当，对方可能会变本加厉，继续指责你错误的表达方式，陷入"鬼打墙"式的反复人身攻击，讨论也就越发不能继续了。

含糊其辞的"米饭谬论"

偷换话题的另一种形式是我们已司空见惯的"米饭谬论",这种谬论得名自某次日本国会答辩会。

简单地说,"米饭谬论"是这样一种谬论:当被问到"有没有吃早饭"时,对方回答"没吃",但之后你发现对方其实已经吃了,这时,对方却表示:"我的意思是我吃了面包,但没吃米饭。"

也就是说,以对自己有利的方式歪曲他人的表述,即使遭到反驳,也可狡辩自己的理解与他人的原意有出入。这听起来好像是在开玩笑,但这种答辩居然会出现在国会上,让我对日本的政治深感忧虑。

然而，"米饭谬论"的实质还不在此。

这种谬论的实质，归根究底在于不正面回答问题，巧妙偷换话题，拖延时间，从而模糊问题本质。

谈及具体案例，因"米饭谬论"得名自国会答辩，我们可以此为例展开说明。

在审议劳动方式改革有关法案时，在野党针对高度专业制度（对于具备较高的专业知识水平，劳动报酬在一定水准以上的劳动者，可不受劳动基准法规定的工作时间限制）提出疑问："从该法案来看，休4天假后可能会被要求工作24小时，对此是否有限制规定？"

对此，当时的日本厚生劳动大臣表示："'要求工作'这种说法原本就与本制度的精神不符。"本来他只需要回答"有"或"没有"限制规定即可，却偷换话题避而不答，糊弄过去了。

这种谬论是极其卑劣且带有恶意的，我并不是质疑该法案的优劣，而是想批判这种原本只要回答"有"或"没有"即可，却避而不答、糊弄敷衍的行为。

那么，为什么厚生劳动大臣要偷换话题呢？自然是为了尽快通过法案。在野党指出了自己未能意识到的法律漏洞，但如今再修订法案已经来不及了，所以就希望设法糊弄过去，以少数服从多数通过法案决议。基于这样的想法，厚生劳动大臣才会发表"米饭谬论"偷换话题，以达到他的目的，这才是问题的本质。

如上述案例所示，如果人们打算"模糊问题的本质，进而含糊其辞，回避指责"，便会发表"米饭谬论"。以上仅展示了国会答辩的案例，在商务场合也存在同样的现象。

比如，在方案展示后的问答环节中，你是否曾觉得对方答非所问？还有，在电视讨论节目中，你应该也见过有些嘉宾喋喋不休地说着与主持人提出的话题全然无关的内容。

而这些人为什么要以"米饭谬论"来偷换话题呢？

原因与上一节提到的"'你也一样'谬论"一样，是为了维护自己的地位和自尊。之前案例中的厚生劳动大臣也是为了维护自己大臣的地位和自尊，维持日本民众对（该责任大臣所在的）内阁的支持。

一言以蔽之，此为"明哲保身"。为此，人们才会发表"米饭谬论"。

和这种人的交流注定是无效的，是在浪费时间。这些政客、演讲人以及商务人士为了维护自己的立场和自尊而答非所问、混淆问题的本质，他们应该重新审视自己的言行，并为此感到羞耻。

作为一个培训讲师和咨询顾问，在问答环节中，我会先向对方确认自己的回答是否切中问题，对于无法回答的问题，我会建议大家一起思考。

然而，现实中总会有人恬不知耻地发表"米饭谬论"，面对这种人，应对方法只有一个，就是不厌其烦地告知对方："不好意思，我想问的不是这个，而是……"唯此而已。

如果对方仍试图偷换话题以求自保，有时限定对方的回答范围也是有效的，比如要求回答"是"或"不是"，或者"是 ABC 中的哪个"，等等。（但是，在国会答辩中，有些发言人连这种限定回答范围的问题都能含糊其辞、避而不答，意志力之坚韧，令人叹服。)

不过，同样地，应对这些人也要注意，不要咄咄逼人，特别是在商务场合。有意义的讨论固然重要，通过交流构筑人际关系也不可忽视。

在一些情况下，即使没能获得自己希望的回答，也可"鸣金收兵"，暂且搁置。但是，我们至少应向对方表明，我们的本意并非追究其责任，以便让对方放松下来，进而展开有建设性的讨论。

强攻击性的"稻草人谬误"

　　偷换话题的另一种形式就是"稻草人谬误"。"'你也一样'谬论"或"米饭谬论"可以说都是出于防御目的而偷换话题，以此躲避那些对自己或自己支持对象的批判。而"稻草人谬误"则是出于攻击目的而偷换话题，因此，是非常恶劣的。

　　"稻草人谬误"和其他偷换话题的谬论一样，被应用于许多场合，在社交平台上的争执中更是比比皆是、屡见不鲜。作为一个讨论观察者，这种现象令我觉得耐人寻味。

　　接下来我们也通过具体案例对此进行讲解。

　　某个人在朋友圈发表言论，认为"在东亚地区的安全保障方面，特朗普政权的政策是有效的"，随后立即有人评论道：你是在支持歧视主义者吗？即使原文中并没有这方面（支持特朗普）的表述。

　　这就是典型的"稻草人谬误"，过度解释、故意歪曲对方的言论并予以批判，就像树起一个稻草人做靶子，并自欺欺人地以为：打倒了这个稻草人，也就打倒了对方。将对方认同"特朗普政权政策中有效的部分"，歪曲解释成认可"特朗普个人"并予以批判（攻击）。虽然在挨批的一方看来，自己并没有那个意思，但批评的一方会通过强行歪曲对方的意思来指责和攻击对方，以获得居高临下的优越感。

　　这种谬论在网络上泛滥成灾，特别是涉及意识形态问题时尤为严重。另外，令人遗憾的是，有越来越多的政客出于舆论引导的目的而发表这种谬论。

　　再看看具体案例。

对于"不应强行要求他人认同夫妻同姓"这一观点，有人这样批判："你是否定夫妻同姓吗？""你这就是在强行要求他人认同夫妻异姓啊！"这些批评也是典型的"稻草人谬误"。原观点自然是在否定夫妻同姓，但并没有强制要求夫妻异姓，这完全是歪曲解释。

有一位网友在网上发表如下言论："在阿富汗身亡的中村医生以前就强调过宪法九条的重要性。"对此，有条评论称："护宪派曾说有宪法九条就可避免战争，果然事实证明宪法九条不能构成威慑。"这种批判也同样属于"稻草人谬误"。原话仅仅是陈述了已故之人曾经的言论，况且中村医生在阿富汗并不是因为战争而身亡。但有些网友却不顾事实，对此言论进行过度解释，贬低发言方和言论内容。

根据我作为一个讨论观察者的经验，许多犯了"稻草人谬误"的人都持有极端的意识形态。这些人常常在攻击与他们意识形态相反的人时发表该类谬论。他们的目的在于攻击、打压对方，而不是交流。

令人难过的是，在我们的日常生活和工作中，这种以攻击对方为目的的谬论也屡见不鲜。比如领导鼓励下属不要害怕失败，要勇于接受新的挑战，但却有人暗地里恶意中伤，说"课长这是要让年轻人一事无成"。还有，有人对公寓的垃圾投放规则提出改善建议，却招致批评："你这是看不起老住户吗？"诸如此类。

课长只是说"不要害怕失败"，并没有说"去失败吧"；公寓的案例中，即使有人希望调整规则，也并非瞧不起老住户。那些意图实施打压的人，无论如何都能挑出毛病打压对方，这或许就是人性的一部分，令人扼腕。

那么，应该如何应对这种"稻草人谬误"呢？最好的方法就是明确告诉对方，他的观点属于"稻草人谬误"。

在开放的社交平台上我们不需要对此概念过多解释，不太了解的人自然会去搜索，而旁观者了解这个概念之后，也会更容易认同我们的观点。

如果有些场合并不像社交平台那么虚拟和开放，那么首先要做的便是立刻表明自己不是那个意思，争取周遭的理解。直陈自己实际想表达的意思，并坦率表明自己因言论受到歪曲和过度解释而感到困扰。

应对这种谬论的关键在于清晰陈述事实。对方发表这种歪曲的言论显然是为了攻击你，但别人却不一定这样认为，所以，在遭到这种言论攻击时，最重要的是客观陈述自己的观点，明确何处遭到歪曲和过度解释。

解释的过程不会轻松，但解释得愈清晰，对方的恶毒居心与理解能力之低下也会愈加暴露。所以，如果能一次性把对方收拾服帖，他以后应该就不会再来找你的碴儿了。

第三章小结
偷换话题式谬论

诉诸人身谬论

不讨论原话题，而将话题偷换至对自己有利的方向。常常会发动人身攻击，攻击内容包括表达方式、措辞、行为举止等。

应对方法：针对被偷换的话题道歉，比如承认自己的表达方式确实有不当之处，然后终结这个话题，将讨论的焦点引导回原来的话题。

"你也一样"谬论

将交流对象的过去或他人引为例证，强行断定对方的观点不足为信。

应对方法：表明拿现在和过去对比、拿自己和他人对比没有
　　　　　意义。另外，坦率承认自己过去的错误，表明自
　　　　　己已吸取过往教训，因此更有资格发表看法。

米饭谬论

不正面回答对方的问题，却顾左右而言他，模糊问题
本质。

应对方法：逐一纠正其言论中答非所问之处，限定对方的回
　　　　　答范围也是有效的方法，如要求回答"是"或"不
　　　　　是"，或者在两个选项中选一个。

稻草人谬误

过度解释对方观点，故意歪曲对方言论并予以批判。

应对方法：立刻表明对方所言并非自己本意，争取周围人的
　　　　　理解，然后强调说明自己的真实观点，而不是指
　　　　　责对方的险恶用心。

第四章

打破难以反驳的氛围

难以批判的"同情谬论"

　　带有攻击性的"稻草人谬误"多是为了贬低对方，彰显自身的优越感，接下来我们要讲解的这种谬论，则是通过营造出令人难以反驳的氛围，从而使自己的观点得到认可。

　　这种令人难以反驳的谬论是指以权宜手段使他人无法批判其观点，而并非直陈观点本身，如观点的内容、观点的形成原因、论证依据等。

　　这种谬论的典型便是"同情谬论"，它通过利用交流对象、社交平台的读者等旁观者的情感，使得他人难以反驳其错误。

我们仍旧通过具体案例进行说明。

如果你在街头遇见有人募捐，理由是"为了背负着祖国未来的孩子们""消灭歧视"等，你将作何反应？即使最终因为忙着赶路或觉得可疑拒绝了捐赠，你是否仍会感到有些抱歉？

这就是"同情谬论"。

大唱高调，宣称"为了孩子""消灭歧视"，任何人在情感上都无法驳斥这类价值观，因此营造出一种他人难以反驳其真实主张的氛围。若有人反驳，他便会回击："你不关心孩子们的死活吗？""你在纵容歧视行为吗？"这就是"稻草人谬误"。整套流程简单易懂，谁都学得会（笑）。

特别是"为了孩子们"，在美国动画片《辛普森一家》中，有个叫海伦·洛夫乔伊（Helen Lovejoy）的人物常常大声疾呼这句话，所以这种谬论也被称为"Lovejoy 谬论"。而且，这种谬论因为更适合短句（长句容易暴露其逻辑之幼稚），在各种网络平台上广受欢迎。

比如，"为了孩子们，不应该将美军基地搬迁至边野古""为了孩子们，妈妈当然应该待在家里"，等等。

如何？你一定也遇到过这种"同情谬论"。在日本，少子化问题的确十分严峻，亟待解决，但这不能成为考虑任何问题的出发点。

另外，在这次的新冠肺炎疫情中，有些人认为保持经济运转十分重要，对此，有些反对意见指出："难道钱比命重要？"这也是"同情谬论"。

慎重起见，我还是多说两句，我并不是批判"为了孩子""消灭歧视"这些理念或目的本身，相反，我认为这些是非常重要且崇高的理念。可正因如此，人们才更容易被裹挟进难以反驳的氛围中。

我们来看一个商务场合的案例：

当公司计划撤掉持续亏损的业务线时，有人认为努力经营该业务的团队太可怜了，希望尽量保留。

的确，业务团队一直很努力，但是我们不能因为这样就置公司的亏损于不顾。这种出于同情而希望决策层手下留情的"同情谬论"在日本企业的商务决策中并不少见。

如果这种"同情谬论"泛滥成灾，理智的讨论就无从开展。极端情况下，即使是完全相反的观点，也会出现"同情谬论"。比如关于死刑判决的讨论，有人认为被告的过去太过悲惨，死刑的判决过重。而与之相对，也有人认为考虑到受害人家属的悲痛心情，当然应该判处死刑。双方的观点中都出现了"同情谬论"。

同理，在交通事故的案例中，如果丧生的不是老人而是孩子，则会出现更多基于"同情谬论"的情绪性观点。

不可原谅！

开什么玩笑！

太可怜了！

好生气！

这种负面情绪爆棚的观点，能够较为轻易地拉拢那些想法类似的人，也更容易抨击那些观点相左的人。

所以，它十分危险。

的确，我们应该珍视我们的情感，但是以愤怒、悲伤、恐惧为代表的负面情绪常常会蒙蔽我们的双眼，使我们迷失问题的本质。人一旦陷入负面情绪，视野会变得狭隘，从而对本应注意到的要点视而不见。

对核污染的恐惧使福岛的居民和产品被污名化。

接收新冠感染患者的医院的医务工作者及其亲人遭到歧视。

本应是反面教材的"同情谬论"在社会上屡见不鲜，当然，其中也有一些不怀好意故意发表"同情谬论"的人，我们应当认识到这一点。而在职场中，我们也绝不应该太过感情用事。

那么，应如何识别"同情谬论"以及免受其害呢？

识别的技巧是：聚焦对方提出的崇高理念，如"守护生命""为了孩子""消除歧视"等，判断这些理念与其提出的逻辑或观点是否匹配，如果逻辑或观点模棱两可、突兀异常、脱离现实，就很可能是"同情谬论"。

当他人将"同情谬论"强加于我们时，我们要怎么应对呢？从开头一直读到此处的读者应该已经了然，那就是：认可对方，即首先理解和认同对方所谓的"可怜""不可原谅"等情感。"同情谬论"的确令人很难反驳，但如果我们也对其诉诸情感，与其发生共鸣，该谬论便会失效。

因此，首先理解对方的情感，再以情感之外的论点予以反驳，如"我十分理解你的心情，但成本问题也不可忽视，另外……"谬论即可瓦解。"同情谬论"虽看似万能，实则极其脆弱。

斥为过时的"新潮谬论"

除了"同情谬论",还有一种难以反驳的谬论,就是"新潮谬论",相信许多人光是闻此名便已深有感触。

各位读者周遭一定有这种人,他们嘴上总是挂着"那已经过时了""现在已经是某某时代了",通过标榜自己对新事物的敏感来彰显优越感。这些人的惯用伎俩就是"新潮谬论"。

老规矩,上案例。

思维能力是我的研究领域之一,我也开了逻辑思维的课程。一次,有个人对我这样说:还在说什么逻辑思维?

现在已经是设计思维的时代啦。我想，会说这种话的人可能就是那些通宵排队买新款 iPhone 的人吧。

这个人说的话就是典型的"新潮谬论"。的确，设计思维催生了许多前所未有的创意，是一种有效的思维方法，其关键在于除了语言文字之外，还会借助图表进行思考，并不断试错。包括我在内的许多人都会采用这种思维方法，所以它并非一种全新的思维方法，只有名字是新取的。再者，这种思维方法也已经涵盖在逻辑思维之中了。（在前文，我们已说过：包括直觉在内的所有思考都带有逻辑。）

然而，许多人都对这种"新思维"趋之若鹜，其他还有诸如"蓝海战略""从零到一思维"等，试图以"新潮谬论"谋利的人（当然，我没有否定这种行为）可谓数不胜数。各种各样的"新潮谬论"泛滥在脸书、推特等社交平台上。

人类是一种喜新厌旧的生物，所以会爱好时下流行的甜品、化妆品、数码产品、网络服务等，这当然无可厚非，我也并非想否定潮流。我只是觉得，不能因为这样就将传统事物作为反面例子予以批判和否定，这并不公平。

"现在还寄手写信和明信片的人是怪人"这类观点本身就站不住脚，还有"如今的喜剧界，已经不是某某而是某某某的时代了"之类的看法也是"新潮谬论"，目的是误导他人。

像古典音乐这种传统而美好的事物数不胜数，而新的思维方式、商品、服务也未必都很出色。所以，应对这类谬论的最有效办法，就是反问对方：除了新潮之外，它还有其他的优点吗？这种谬论的依据除了新潮之外别无他物，所以对方要么就此败退，要么另寻其他谬论，或是恼羞成怒，开始对你进行人身攻击。

对方如果就此败退，则相安无事，但他如果恼羞成怒，就不好对付了。所以，对付这类人最好的办法可能还是在一开始就转移话题。这些人只是想通过标榜自己对新事物的敏感来获得优越感，和他们认真沟通是不会有什么结果的，所以没必要与这种人纠缠不清，最好的做法是果断放弃，及时止损。

拒绝挑战的"传统谬论"

与"新潮谬论"正好相反的，就是"传统谬论"。

我们一直都是这么做的。

没有先例所以不行。

大家在工作中要尝试新的挑战时，可曾被这样的理由拒绝？这就是"传统谬论"。

我们在评判事物的好坏时，有的人认为"正因为有效，传统才会延续至今"，也有的人认为"正因为有效，新事物才会得到支持"。前者的观点为"传统谬论"，后者的即为"新潮谬论"，这两种谬论实为一体两面。

其实，"正因为有效"和"传统延续至今"，以及"正因为有效"和"新事物得到支持"，并不存在什么必然的因果关系。传统延续至今可能只是因为拒绝变革，新事物得到支持也许是因为人们图一时的新鲜或广告效果。

因此，在推理中诉诸传统和诉诸新潮都属于谬论，选择哪一方取决于个人的性格与经验。

如前所述，持"新潮谬论"的一般是那种会通宵排队买 iPhone 的人，他们热爱新事物。你可以说他们不惧风险、热爱挑战，但也有人单纯就是爱标榜自己的时尚品位，所以持"新潮谬论"的主要是年轻人。

反之，持"传统谬论"的主要是中老年人。他们认为自己的知识和经验绝对正确，不容置疑：我们向来如此，无须冒险挑战。这类人说好听点儿是小心谨慎，说白了就是因循守旧。

我们很难评判二者孰对孰错，事物都具有普遍性和两面性，有好的一面也有坏的一面。传统事物能因为"向来如此"便对吗？

在朋友圈有这样一条言论：

领带是绅士的标配，男人在正式场合都必须佩戴。

对于这个观点，你是同意还是反对呢？

其实，这就是典型的"传统谬论"，仅仅以"向来如此"为根据，推导出"此乃常识"这一前提条件，再生硬地得出"应该如此"的结论。若冷静思考，该观点的依据虽然很牵强，但因为诉诸传统，所以叫人不好反驳。

的确，着装三要素"T (Time)、P (Place)、O (Occasion)"以及相对应的礼仪是重要的，但男人在正式场合应佩戴领带是过往的常识。虽然一直以来我都视其为理所当然，相信那就是常识，但如今这个常识已经受到了冲击。

请各位读者回忆一下本书第二章的开头，关于演绎式谬论我们应该注意什么。对，就是质疑其前提条件。而这个前提中必然包含某一常识，我们可以反问：这些常识如今仍旧适用吗？是否已经过时了？

　　"领带是标配"的确是曾经的常识，但如今还适用吗？仔细想想，就会引发一个疑问：如今"领带是标配"这一常识已经不再正确了吧？

　　地震导致核泄漏并由此产生能源危机，温室效应导致全球变暖，为解决这些问题，政府官员率先践行"无领带运动"，从而冲击了商务场合"领带是标配"这一常识。

　　就我个人而言，这几年来，除了新员工培训或传统大型企业的培训之外，我基本都不会佩戴领带。坦白说，我已经渐渐把领带当成了冬天的保暖用品。

　　因此，"传统谬论"所依据的许多"向来如此"的常识，都已不再适用于当下了。

　　但是，包括"新潮谬论"在内，我们应认识到，这类谬论的结论本身未必是错的。

　　比如"不应该给别人添麻烦"这一常识的依据在于道德，但却会因为将其依据视为"向来如此"而变成谬论。

综合这些情况，应该如何应对"传统谬论"呢？

方法就是：**质疑对方观点的依据，即前提条件是否正确。在向对方确认该常识的确是一直以来的传统之后，再进一步思考该常识是否仍然适用于当下。**

就刚才的"领带标配论"，你可以这样反驳对方：

你听过 #KUTOO 运动吗？这项运动对一个常识提出了质疑，运动的宗旨是反对女员工必须穿高跟鞋这一硬性要求。所以，强制佩戴领带是否也有不妥？

而对方的回应无非以下两种。

一种是："你是反对佩戴领带吗？""不要剥夺男人佩戴领带的自由！"这就是大家熟知的"稻草人谬误"。我们并没有反对佩戴领带或穿高跟鞋，想穿（戴)的人去穿（戴)就是了。面对这种语言攻击，我们只要表示"我并没有这样说""你这是稻草人谬误"，即可击破对方的谬论。

另外一种是嘲笑别人不懂时尚，和序言中提及的 A 先生自掘坟墓式的言论"连这种事都不明白"一样，只是为了彰显自己的优越感而毫无依据地中伤别人。

一般来说，在争论中诉诸传统的人许多都是该领域的行家，正因如此，他们才更容易轻视对方，"好为人师"。在会议上有一种人，他们一脸得意扬扬，说着"你可能不懂""根据我的经验"，滔滔不绝、老调重弹（几乎都是王婆卖瓜自卖自夸），这种人就惯于发表"传统谬论"。

碰到这种情形，如果不好揭穿对方，那不如暂且按捺住厌烦，敷衍应和由他去。但如果不改变对方的想法就无法通过方案或建议，那就要打破对方的谬论。如领带的案例所示，你可以搜集数据或证据，证明作为前提条件的常识已不再适用于当下，再向对方提出你的观点。虽然这样做需要付出一定的时间和精力，但也是最稳妥的一个方式，稳扎稳打地与对方沟通，指出如今也有其他不同的观点。这种情况下，千万不要用"新潮谬论"对他进行反击，否则，事态有可能愈加不可收拾。

最后，如果你尝试过后仍无法获得对方的理解，那就基本可以断定，这个人没法儿沟通。最好的办法是：无视对方，寻找他法，在业务开展过程中避开此人。

狐假虎威的"权威谬论"

令人难以反驳的第四种谬论是"权威谬论"。

面对下属的质疑或意见，以上意下达为由固执己见，如"不要跟我说，这是部长决定的"等，"权威谬论"多见于这种情形。

这种谬论显然是狐假虎威，因为无法自圆其说，便借权威（如总经理、名人、专家等）之名，表示权威人物的意见不容置疑，从而迫使他人屈服。这种谬论借人之物，图己之利，低劣又没品，危害极大。

东日本大地震以及随之而来的福岛核电站泄漏事故发

生以后，某大学教授发了一条推特，称"向他人推荐福岛出产的农作物与杀人无异"，该言论瞬间在网上扩散开来。

其实，这只是一个低劣的谣言，但许多人被他的"大学教授"头衔蒙蔽，从而转发了那则没有科学依据的言论。结果大家都知道，福岛县的农业因此受到了重创。

那些转发的网友或许并无恶意，但不管怎样，散播了谣言就应该受到批评。仅凭"该言论出自大学教授"便断定其正确无误，并以此为根据向他人传播，这种行为本身就是不负责任的。

"虽然散播了谣言，但他并没有恶意，所以是可以原谅的。"我完全不能同意这种观点。

日本一个论坛网的创始人西村博之曾说："不能识破谎言的人是很难合理使用论坛的。"我认为这句话今天仍然适用。当然，识破谎言并非易事，但不作任何求证，仅仅因为是权威人士发表的言论就照单全收、满世界散播，无疑是错误的行为。

上述案例中的大学教授，他的研究领域是火山学，并不是核电或辐射方面的专家。但是，许多人仅凭其大学教授的头衔便转发其言论，散播谣言，这一现象必须引以为戒。

面对新冠肺炎疫情，媒体上也随处可见一些"野生专家"，他们明明不是传染病专家，却常常发表一些不知道有没有科学根据的疫情防控言论。

其实，不只是社交平台，我在各种场合中都耳闻目睹过"权威谬论"。除了先前提及的"这是总经理说的"之外，在电视广告中请专家来代言或者背书也属于"权威谬论"。

这里我先声明一点，我并不是要批判在论证中诉诸权威的做法。

比如木糖醇广告，广告本身没有任何问题，只要真的有效，自然可以请专家权威认证宣传推广。在宣传正确事物时诉诸权威，作为一种提高说服力的技巧是无可厚非的。

我想批判的是基于不良目的而诉诸权威的做法，如对自己的观点没有自信，但又希望说服对方，于是诉诸权威。

像先前案例中的大学教授的推特言论以及"这是总经理说的"等，这类诉诸权威的卑劣做法无疑是应不留情面予以批判的。

我们应避免一开口就是"这件事已有定论""这话是某某领导说的"，不以道理和事实讲话，而以"权威谬论"去攻击别人。

包括我在内的诸如培训师、咨询师等以文字为业的人常常会在表明自己的观点时诉诸权威，"正如德鲁克所言""根据 MIT 的研究"等，都是这类典型言论。

当然，和木糖醇的案例一样，在表达正确观点时诉诸权威无可厚非，我个人也仅会出于此目的而诉诸权威。

然而，除了我这样的工作之外，像领导或前辈这种身负教导、指导之责的人，在决定是否诉诸权威时，至少都应反思自己对即将表达的观点是否有足够的自信，如果没有，在仰仗权威之前，必须保障自己的观点具备牢不可破的坚实依据。

最后让我们看看如何应对他人的"权威谬论"。

当对方诉诸总经理、某某老师等权威时，我们可以反问："那你是怎么看的呢？"向对方表示希望了解他个人的看法，而不是照搬他人观点，然后请对方说出其观点的依据何在。

如果对方的回答缺乏逻辑，无法令人信服，那直接向对方表示你不能认同他的观点即可。对方自己都对其观点尚存疑虑，我们自然也就没有听从该意见的必要了。如果对方能够自圆其说，令人信服，那你可以告诉对方，他应该一开始就直陈自己的观点而非诉诸所谓权威，这样于人于己都有好处。

断定为一丘之貉的
"连坐谬误"

最后要介绍的这个令人难以反驳的谬论就是"连坐谬误"。谬误常是无意为之的，所以"连坐谬误"大多发生在没有恶意的言论中，但即使没有恶意也改变不了其谬论之实质，我们也不应屈从于这种无恶意的谬论。

接下来让我们从具体案例开始，对"连坐谬误"进行说明。

电视上的评论员或艺人，以及社交平台上的意见领袖和网友会发表一些和当下政治相关的言论，其中有些人将安倍政权的所有政策或首相的任何言论都斥为独裁。如果有人支持安倍政权的某些政策，就会有人讥讽他们是网络右翼、间谍。

这就是典型的"连坐谬误"，当今政权的政策不可能一无是处，但只因是安倍的言论就一概否定，显然是不妥的。

我认为无论政治还是企业，长期政权都更容易滋生腐败，所以，基于对近来形势的观察，我也认为首相换届势在必行，但我不会全盘否定当前政权。原本每条政策、言论都应单独评价，但有不少人却妄断"独裁者的言论都不值一听"，不得不说这种行为有些轻率了。

另外，那些抨击安倍政权支持者的人也一样。他们的这种行为基于"敌人的同伴就是敌人"，不分青红皂白断定对方就是敌人，这是典型的为了批判而批判，而且只截取合自己心意的信息四处散播，这种现象在推特等社交平台上比比皆是。

比如，对性格与经历迥然不同的人不分青红皂白一概抨击，以及"动漫宅真恶心""男人／女人就是……"之类的言论，这些都属于"连坐谬误"。

由此可见，"连坐谬误"是仇恨性言论的基础。原本应细分之后再考虑或评价的不同事物，却抽取它们的某个共同点（如民族、性别、爱好等）强行归拢概括，混为一谈，再将该群体定性为敌人予以抨击。

要将这些事物或群体逐个击破，势必效率低下、没完没了，而不分青红皂白地集中扫射则更高效也更轻松，由此可见仇恨性言论的构成逻辑是何等卑劣。

而"贴标签"，就是有助于一些人轻松抨击别人的便利工具。

不分青红皂白为该群体命名，而且常常是不怀好意的蔑称，这样抨击起来不仅能减轻罪恶感，也更能拉拢他人支持自己的观点。

"动漫宅"最近得到了大范围认可，已经不再算是蔑称（我在自我介绍时也说过自己是动漫宅），但还是会有人觉得不适。

另外，像"网络右翼"以及与其相对的"蠢左翼"，就是明显带有恶意的标签了。其他在社交平台上常见的标签还有"间谍""辐射脑""信息弱智""社畜"……我们实在是过于轻易地给他人贴上标签，而且心安理得地抨击对方了。

我们应该认识到这一现实，所以一直以来，我都避免使用像"网络右翼"这样贴标签式的形容。

可是，我们不禁要问，为什么我们会作出如此愚蠢的事来？为什么我们会不惜给他人贴标签，说出那些基于"连坐谬误"的仇恨性言论？

追根究底，还是恐惧、危机感、嫉妒等负面情绪在作祟。面对中韩崛起或女性赋权，积极看待是理所当然的。如果既不肯定也不否定，保持无感就好，没必要特意去攻击或批判。也就是说，仇恨性言论其实体现了批判者对自己批判对象的肯定。

另外，这种负面情绪的出现，也反映出仇恨性言论者原本对批判对象的轻视。曾经贫穷落后的中国如今迎头赶上，曾经卑微顺从的女性如今却勇于反抗……面对这些变化，这些人感到痛苦，而之所以感到痛苦，是因为他们害怕丧失自己的优越感。

这样分析下来，仇恨性言论者其实是非常屄（这也是歧视性表达吧）的。

那么，除了仇恨性言论外，其他场合的"连坐谬误"应该如何应对呢？

在实际工作或私下的交流中，应付对方的"连坐谬误"，比如"现在的年轻人真是没用"，第一步就是反问对方：

到底是哪里没用？

如果对方回答"全部"，那么可以进一步要求其具体说明，好让对方认识到自己的观点是结论先行，过于草率笼统。当然，根据双方关系以及场合不同，很多时候我们懒于反驳或质疑，那就可以表面上应和敷衍过去，然后记住此人爱贴标签且缺乏自信即可。

而在社交平台上，如果偶然刷到朋友圈里出现"连坐谬误"，可以选择无视或者即刻拉黑，因为那有可能是仇恨性言论，毫无价值。要在社交平台上收获有价值的信息，就应极力避免那些不必要的噪声。

另外，如果别人反驳我们的观点时出现"连坐谬误"，也不建议予以回应。总之，保持无感是为上策。但是不排除有少数人闲得发慌，即使别人不理他，也不停挑衅，对付这种人，同样是无视他，过两天他自己就消停了。

千万不要试图和这类人好好交流，因为他们多半不会听你讲话。如前所述，他们的目的在于攻击他人以获得优越感，而不是通过讨论促进自身成长，想与这种人好好对话几乎是不可能的，所以我们也就没有必要白费力气。如果是基于消遣或娱乐而想和这种人讨论取乐，我倒是没有意见。

第四章小结
难以反驳的谬论

同情谬论

诉诸对方或第三方的情感，营造难以反驳的氛围。

应对方法：首先表示理解、认同对方的情感，再提出自己的

观点："我十分理解你的心情，但是……"

新潮谬论

批判传统，以新潮为依据占据优势立场。

应对方法：反问其除新潮以外的论点依据，若对方提不出确

切的依据，继续讨论并无意义，可改变话题。

传统谬论

以延续至今为依据，认为此乃常识和普世价值观。

应对方法：反问其观点的依据，即那些常识和价值是否仍适用于当下，如果有反例也可出示。

权威谬论

借身居高位或负有盛名的权威人士之言论，固执己见。

应对方法：反问对方"你自己是如何看待的呢"。

连坐谬误

混淆个人与群体（贴标签）并予以批判。

应对方法：反问其批判的具体内容，若对方说不出具体内容，继续讨论已无意义，无视即可。

第五章
识破巧妙的谬论

强行诱导对方的 "错误的二分法"

与谬论的斗争终于临近尾声，接下来我将介绍伪装得更为巧妙、更难以识破的谬论，人们更可能被这些谬论欺骗、驳倒。

希望各位读者能够理解接下来列举的七种谬论，并战胜这些带有恶意的言论。

首先要介绍的就是"错误的二分法"。

这种谬论是指明明有各种选项、模式或类型，却只提供两个极端的选项，并要求作出非此即彼的选择，再强行将对方归拢到某一极端。

例如，关于瑞典气候女孩格里塔的事迹。有人说，你批判格里塔，说明你对全球变暖没有危机感，这就属于"错误的二分法。是否批判格里塔与如何看待全球变暖原本不是一回事，而该言论则简单归结为：批判者即为反对势力，也就是敌人，再予以批判。这种谬论和此前介绍过的"稻草人谬误""连坐谬误"一样，在我们的生活和工作中大行其道，实在令人费解。

世界不是对错分明、非黑即白、非此即彼的。对于某些观点，我们虽不赞同，但能理解；对于艺人的笑梗，虽然已不符合当下的常识，但因为很有趣所以我们也不否认。世界上有许多事都是这样模棱两可的。

即使如此，还是有很多人无视世界之复杂，强行要求他人作出非此即彼的选择，再简单粗暴地将对方归为某一极端。这种行为实际上是通过收窄可选范围，迫使他人进入自己预设的方向，从而试图控制他人的一种手段。

不过，我也并非要一味否定这种二分法，世界的确纷扰复杂，有时简单视之，或让他人简单视之，反而更加有效。

比如，2005 年日本众议院解散之后的首相选举被称为"邮政民营化选举"。当时的小泉首相大放厥词："有一些人认为还有很多其他重要的事，但如果不实现邮政民营化，谈改革是不可能的。"然后他又放言："这次的选举只要决定一件事，就是是否同意邮政民营化。"很显然，他这就是通过二分法，迫使候选人和选民作出选择。

结果是小泉所在的自民党大获全胜。简化论点，硬性要求民众对是否赞同改革作出选择，从而控制民意。这种手段稍有差池便会满盘皆输，而他赌赢了。

苹果创始人乔布斯也曾用过这种手段，他说服百事可乐的斯卡利担任苹果总裁的说辞，就是非常有名的"错误的二分法"范例。

当时，乔布斯对斯卡利这样说道：

你想卖一辈子糖水，还是跟我一起改变世界？

其实留在百事可乐并不只是卖糖水，去了苹果也未必能改变世界。但是经由乔布斯的这番说辞，斯卡利选择加入苹果，也就是改变世界。乔布斯的"错误的二分法"成功了。

但是，后来两人在苹果的经营上水火不容，最后斯卡利在董事会上强迫众人在他和乔布斯之间作出选择，乔布斯由此被驱逐出苹果，其实当时并非别无他路。

凭"错误的二分法"说服斯卡利进入苹果，然后被斯卡利用同样的手段驱逐出苹果，这大概就是因果循环吧。

由此可见，"错误的二分法"虽然的确是谬论，但作为一种说服技巧确实是有效的。但我希望人们能将其用于表达那些自己笃信对集体或社会有益的观点，而不是将其作为强行诱导他人认同自己的借口。

接下来让我们来看看如何应对这种谬论。

应对这种谬论的关键在于识别对方的观点中是否利用

了"错误的二分法"。如果对方要求二选一，如"选 A 还是 B"或"实现某事有两条路"，就要质疑对方是否在使用二分法，或者是否真的没有别的选项了。

识破对方的手段，要求对方不要将选项强行简化为二选一，然后反问他："是否还有其他选项？"如果你能够举出其他具体的选项，对方就会立刻溃败。

利用词意差异诱导他人的"暗示性表达"

在说明这个谬论之前，我们先来看看实际案例。日本某个新兴政党的支持者使用推特的问卷调查功能，发了一条推特（见下页）。

我在看到这个问卷调查的时候，忍不住笑了，好久没见到如此明目张胆使用"错误的二分法"以及"暗示性表达"来操控他人想法的事情了。

明明有多个政党，却硬是让人在向来政见不和的两个政党之间作选择，这种做法就是典型的以"错误的二分法"

请给你支持的政策数量更多的一方投票

<1>

\# 废除消费税

\# 反对死刑

\# 最低工资标准 1500 日元

\# 废除核电站

\# 废除奖学金返还制度

\# 创建防灾部门

\# 终止填埋边野古

<2>

\# 消费税增税

\# 引进国外劳动者

\# 依赖核电站

\# 向海外派遣自卫队

\# 修宪

\# 进口鱼鹰直升机

\# 建设高级酒店

引导他人同意自己的观点。而且，调查问卷只罗列了一些政策，并没有仔细逐一对比，这也不合逻辑。坦率地说，这不算是一份合格的调查问卷。另外还有一点需要注意，就是该问卷中对各政策的描述和定义，带有明显的诱导倾向，下面我们就来看一下问卷的设计是怎样通过措辞来诱导答题者的。

问卷中关于消费税政策的形容是符合事实的，问卷中使用了"废除""增税"的字样。但是，在涉及核电站问题时，调查者对选项的设计，一个是"废除核电站"，另一个是"依赖核电站"。"依赖"这个词，就像"药物依赖"一样，具有一定的消极意义。

其他不怀好意的表达还有：在"建设高级酒店"中故意突出"高级"，以此激起普通民众的反感情绪。

附带一提，这个问卷调查最终以四比三的结果由 <1> 胜出，但我丝毫没有打算支持该政党，这个问卷调查以"支持的政策数量"为选择标准，却完全没有考虑那些政策的可行性。

由此可见，"暗示性表达"这种谬论指的就是利用语言微妙的差异，引导对方产生自己预设好的印象，让对方认同自己的观点。

这种谬论依据的是印象而非逻辑，任何人都会无意识地使用这种"暗示性表达"，来表达自己的观点或说服别人接受自己的观点。

比如你是某个部门的管理者。某天，经营管理部的部长过来跟你说"我们将削减你部门的成本"，但如果把这句话换一下呢："我们将节约你部门的成本。"

"削减""节约"，同样都是要求降低成本，但对听者而言，语感不同，理解也会不同。虽然不是所有人都这样认为，但"削减"会给人一种强制粗暴扣减的感觉。所以，相比于"削减"，"节约"会更容易让人接受。

通常我们会根据实际情况和沟通对象区分使用这些近义词，比如害怕遭到对方拒绝而舍"削减"取"节约"，或者相反，担心受到轻视而舍"节约"取"削减"。

其他还有如"我们的要求是……"和"我们的希望是……"这样的表达。近义词的作用原本就是为了更准确地表达细腻的含义和情感。

区分使用近义词固然是好的，但是，我们要留意那种故意误导他人的"暗示性表达"，如上述案例中提到的"依赖核电站"。

核电站泄漏事故发生之后，有人将福岛写作"FUKUSHIMA"，这明显是模仿被投放过原子弹的广岛（HIROSHIMA）而写的，这种带有恶意的表达目的就在于让人们对福岛产生受辐射污染的印象。

还有一种和上述介绍的谬论搭配使用的技巧。

假设有一种延续至今的手法 A。如果诉诸新潮，则会说"A 这种过时落伍的手法"，如果诉诸传统，则会说"A 手法是我们引以为豪的传统"。关键在于选择什么样的形容词或副词。

这类表达真的是多如牛毛，比如不说"明智"，而说"机灵"，话里话外马上就多了戏谑的意味。

另外，形容他人的性格时，是用正面的形容词"爽朗"，还是用负面的形容词"自来熟"，给人造成的印象是截然不同的，虽然二者都没有说错。这样的表达也是"暗示性表达"。

除了形容词或副词相关的区分表达，还有一个需要注意的语言陷阱就是隐喻。

严格来讲，应区分看待隐喻与明喻，如果要就此给大家上堂语文课，那就没完没了了，总之只要知道隐喻指的是表达的置换即可。

此处稍作停顿，大家是否察觉到我刚刚说的"上课"一词也属于"暗示性表达"？因为该词会给人以无聊的印象。如果你察觉到了，说明你应对谬论的能力提高了，今后可以更有自信地应对谬论。

言归正传，我们在日常生活中经常会使用隐喻，这本身并没有问题。

比如，"那个项目终于跑起来了"指的并不是真的跑起

来，而是指项目启动了。同样地，在讨论项目进展时，说
"现在有点触礁了""终于看见曙光了"也都属于隐喻。我
们在谈论工作或人生时常常会使用旅行、航海、登山等隐
喻进行说明，因为基于我们的经验或直觉，这样的表达更
好理解。

基于这种特点，在不得不讲解对方不甚了解的领域时，
隐喻是一种十分有效的说明手段。比如 25 年前我就职于一
家 IT 服务公司时，在向客户建议把网络通信协议统一成
TCP/IP 时，经常会用到隐喻。对方毕竟不是电脑方面的
专家，光是说专业术语对方无法理解，所以我说："其实就
是互联的电脑的厂家各不相同，各自使用的语言也不一样，
所以统一用英语交流。"这样一说对方就明白了。

像这样为了让对方准确理解而使用隐喻是没有问题的，
但因为人们基于经验或直觉更容易理解隐喻这种表达形式，
所以如果有人出于不良目的利用隐喻的这个特点，也能够
轻易达成诱导他人的目的。这是我们必须注意的。

比如，有这样一则仇恨性言论：

韩国人是一种外来侵略物种，他们会破坏我国的生态环境，尤其是在音乐领域……

的确，拟鳄龟或黑鲈鱼这样的外来物种正在破坏日本的生态环境，但如果将这种负面隐喻用于形容某个民族或国家，无疑是带有恶意的。

还有，比如在牛奶中发现异物时，社交平台上曾出现这种言论：

这已经是工业产品了，不能给孩子们喝。

只要稍作思考就能明白，其实我们平时吃的东西几乎都是经过工厂处理后再运出的，包括大米在内，但这则言论却使用工业产品这种总令人觉得与食品并不匹配的隐喻去诱导他人。

而且，这则言论搬出了孩子们，在利用隐喻手段的同时也诉诸了人们的同情。就算发言人没有恶意，但该言论已称得上是性质十分恶劣的语言暴力了。

那么，如何才能不受这些"暗示性表达"的影响呢？

首先，我们必须搞清楚一件事：事实是什么？

对于"他是一个什么样的人"这样的问题，就算我们得到的是"爽朗"和"自来熟"这两个迥然不同的回答，但事实也只有一个，那就是"他是一个和谁都能轻松交谈的人"。正面看待是爽朗，负面看待则为自来熟。

如果能像这样准确分辨事实，那被恶意诱导的概率就会大大下降。

其次，当我们开始分析对方赞扬或贬低某一言论或观点的原因时，就能洞悉对方言论背后的意图。如本节开头介绍的问卷调查案例，你只能感叹那种问卷调查和宗教的传教行为毫无二致，然后一笑置之。而关于外来物种的隐喻这个例子，其实就是仇恨性言论，即刻拉黑即可。

掌握事实，分析对方的意图，无论正面负面，只要我们意识到这是"暗示性表达"，就可以首先思考事实究竟是什么，然后再一次思考对方的言论，这样就能极大降低被"暗示性表达"愚弄的风险。

全面否定没有根据的事物的 "无知谬论"

　　表达观点时出示证据（科学依据）很重要，如具体事例或可靠的统计数据。

　　但是，对所有的观点（或者应该说是自己不认同的观点）都要求对方提供证据，没有证据就断定对方所言是错，这种行为也未必都对，这是"无知谬论"。

　　可能有读者疑惑，为何要求对方提供证据会是谬论？让我们看看下面的言论。

　　你说外星人没有来过地球，但没有任何证据表明外星人没有来过，所以也就是说外星人已经来过地球了。

　　这就是典型的"无知谬论"，可能有读者已经发现，这种谬论要求的证明任务十分离谱。

　　真实存在或发生过的事物可以通过寻找、归纳相关证据去证明，但不真实的事物要么不可能证明，要么即使能证明也困难重重。

　　在上述外星人是否来过地球的例子中，要搜集能证明外星人没有来过的证据是非常困难的。

　　而性质恶劣的是，不怀好意诉诸无知的人会武断认定不能证明即为错，并据此认为自己的观点得到了证实。就外星人而言，本来除了"来过"和"没来过"这两个选项之外，还有第三个选项，就是"不知道来没来过"。但有的人却妄下结论，认为如果你无法证明外星人没有来过地球，就意味着外星人来过，这种谬论中同时也夹杂了大家熟知的"错误的二分法"。

　　另外，这种"无知谬论"还有一个进阶版本，就是"诉诸自身经验"，下面来看看具体案例。

　　我从来没有因为吃了过期食品而肚子痛，所以不用在意保质期。

　　这种做法从未成功过，所以，你的方案不行。

　　上文的例子就是以自己没有相应的经历或经验、不知道（不曾听过、看过）某事为依据，得出自己的观点和结论，让听到这种话的人想说："不，仅凭你个人的经验作出的判断并不能令人信服。"

　　实际上，这种自己不知之物即为错的观点，大家应该都遇到过。如本书第二章里曾提及的，我们根据自己的经验设定前提条件，再对照该前提得出结论。

　　所以我们才会以自己不知道或不曾经历过为依据，将自以为是的常识作为前提，如"男人专心工作才能成大事""大男人怎么会去干家务"……在推论中诉诸无知。

　　这种谬论在商务场合中影响极其恶劣，特别是在日企中，保守的管理人员很多，他们墨守成规，稳妥保险的决策大行其道，他们常以"我不知道""没有先例"作为挡箭牌，拒绝挑战。

因此，"无知谬论"可以说是阻碍日本企业革新的原因之一。

另外，在职场中，也有人以此谬论明哲保身。

上司要求下属做一项工作，下属做之前跟上司汇报过了，工作进度也一直跟上司汇报和沟通，但出了问题上司却表示他毫不知情，以此回避自己的责任。明明知道或听过，却表示："我要是知道就不会批准了！""我可没听过还有那种风险！"以此推卸责任，过河拆桥，这种领导比比皆是。

在私下独处时，下属还可以反驳，表示自己曾经报告过。但遗憾的是，有些卑劣的领导会在下属不在场时落井下石，在受到更高一级领导的质问追责时，表示自己也是初次耳闻，假装一无所知，将责任推卸给下属。我也曾经遭过这种领导的毒手。

那么，要如何应对这种"无知谬论"呢？

首先，对于无法出示证据的情况，我们可以向对方表示：因为对方所要求的证明任务实在太过离谱，对方有责任也出示证据证实他的观点。

其次，像前文"外星人"的例子，如果对方使用了"错误的二分法"，我们则可向他出示其他选项。

再次，除了太过离谱的证明要求之外，对方若以不知道为由坚持己见，建议事先准备好对方不知道的事实、数据、先例，在对方说出不知道之前，就亮出这些实际已存在的成功案例，先发制人。

最后，对于那些明明知道却嘴硬声称不知道、过河拆桥的卑鄙领导，最有效的做法是事先向更高一级的领导通个气。虽然浪费时间在这些勾心斗角上并无实际意义，但综合考虑下来，这样做却是免受谬论危害的最高效的方法。如果领导十分烦人，有时我们可向对方表明态度，暗示对方，自己将与上级直接沟通。

诉诸多数的"多数谬论"

爸爸，给我买这个玩具吧，别人都有了！

连续三年客户满意度 No.1，车险就买某某保险！

为什么不买？大家都用 iPhone 啊！

这些观点的共同点就是，它们都属于"诉诸多数"的谬论。

也许有读者会困惑，这也算谬论吗？这些不都是很常见的吗？然而，这种诉诸多数的观点——认为给孩子买玩具、买某某保险、买 iPhone 是对的——是不折不扣的谬论。

我们不觉得诉诸多数是一种谬论，反而更能证明，我们有多习惯于在推理中诉诸多数。

请思考一下，诉诸多数的典型就是少数服从多数，那么，基于少数服从多数原则作出的决策总是正确的吗？没有这回事吧。

希特勒和纳粹党都是经由民主选举上台的，也就是基于少数服从多数原则由德国国民选出的；僵持多时的英国脱欧决策也是由国民投票最终敲定的。少数服从多数原则被广泛运用的最大原因在于它可以更快敲定决策，也就是更高效。

另外，基于少数服从多数的原则作决策时，如果不明确选择标准，就会出现匪夷所思的结果。比如，会上要以少数服从多数原则对 A、B 两个创意作出选择时，如果不明确优秀创意的标准，许多人投票时就会选择不会增加自己工作负担，与自己关系不大的那个创意。

综上所述，诉诸多数的推论有不少缺点，而我们却恍然不觉其荒谬之处，仍旧使用并且遵循相应的结果，原因在于，基于我们的过往经验，我们明白这种做法更有说服力。

正如"识时务者为俊杰"或"背靠大树好乘凉"等谚语所言，少数服从多数，失败的可能性更低，或者即便失败了，也不用个人承担责任。

这种想法也被称作"从众效应"，在营销活动中也很多见，前文介绍过的"连续三年客户满意度 No.1"就是其中一例。其他诸如购物网站的商品评论或美食点评网站上的餐厅评分，以及对人物、商品、电影、餐厅、酒店或旅游景点等的评价，我们都遵循着多数好评这一多数逻辑，认为好评多、评分高的那些至少不会差，也更稳妥保险。

在本书第四章我们介绍过"权威谬论"，如果不能得到权威论证，即名人担保，许多人则会代之以诉诸多数。

当然，诉诸多数本身也有优点：当我们要表达自己认为正确的观点时，诉诸多数作为一种说服技巧是无可厚非的。

但是，和诉诸权威存在散播谣言的风险一样，如果稀里糊涂跟风随大溜，诉诸多数也存在相应的风险，那就是捏造数据和数据的抽取方法，以及"托儿"。

多年前，某个自治体篡改市民问卷调查结果的事实败露，因为真实数据不合他们心意，所以自治体偷偷修改了数据。如果不是遭到内部举报，这件事的真相将会石沉大海。

再者，就算公开的数据未被篡改，也未必就完全可信。比如，就算是日经 BP 网站上的问卷调查，那也不能代表全体日本人民的民意，因为日经 BP 网站的日常受众主要是 30~60 岁的白领，而且只有对相关主题感兴趣的人才会主动填写问卷。

所以，因为可能存在数据造假或数据抽取方法不当的问题，如果我们不加甄别就坚持以数量为依据去行事，那么我们可能会被愚弄，这一点是我们应该了解的。

另外，以前美食点评网站被揭露存在请许多"托儿"

写好评的隐藏营销现象（不为人察觉的营销行为），这也是"多数谬论"的应用场景之一。

在亚马逊网站上，以无偿提供试用换取商品好评的现象比比皆是，这已是众所周知的事实。这种靠"托儿"再诉诸多数的手法从江户时代的小剧场开始便一直绵延至今。

不良的广告代理商拥有包括著名博主在内的众多"托儿"，每天实施隐藏营销，这可说是"多数谬论"与"权威谬论"的合成手法。我创立的成人教育机构"庆应MCC"也曾接到代理商的推销电话，建议我们进行隐藏营销，当然，市场营销负责人当场就拒绝了。

理解了这些之后，我们就会明白受"多数谬论"支配有多可怕。

那么，如何应对"多数谬论"呢？

首先，如前所述，要事先了解"多数谬论"会给我们带来的伤害和风险，降低被这些数据愚弄的可能。因为我们一旦知道数据会说谎，就会开始质疑数据。

在此基础上，我们再去质疑数据是否造假，数据的抽取方法是否不当。

如果对方在说明过程中表示其观点背后有大量数据支撑，我们可以反问："数据出处是哪里？数据调查方法是什么？"如果对方提供的信息来源不可靠，那么数据的可靠性就要打上问号。

再者，"大家都这么说"的"大家"都是谁？这也很重要。我们往往用"大家"替换"我"，无意识地以此分散责任和风险。其实我们平常所说的"大家"，无非是"我"的代言人而已。

另外，如前所述，问卷调查的数据统计方法会影响数据的立场和倾向。极端情况下，甚至有些问卷调查是为了搜集能够支撑既定结论的材料而进行的，通过精心设计问卷结构或问题，诱导受众作出问卷设计者想要的答案。

相信读者朋友们已经意会到，在介绍"暗示性表达"

时的例子，即"支持哪个政党的政策"这一问卷调查就是
这类手法的典型。

被谬论折磨得心力交瘁时……

以"反之亦然"哄骗他人的 "后项肯定谬论"

我们先来看两个例句。

A. 他是我们公司业绩最好的销售，也就是说，我们公司的销售冠军就是他。

B. 他开发的商品肯定大卖，也就是说，这个大卖的商品是他开发的。

如何？ A 例句（会不会有人说话如此绕口另当别论）虽然没有任何问题，但 B 例句呢？如果你觉得这也没有问题，那你很容易受谬论哄骗，需要多加小心。

B 例句属于后项肯定谬论。

A、B 两个例句结构完全相同，都是"如果是 X，则 Y，所以，如果 Y，则 X"。

但是，A 所言无误，而 B 却是错的。因为那个大卖的商品可能是被称作"他"的人开发的，但也有可能是其他人开发的。

那么，为什么结构相同的两句话，一句是对的，另一句却是谬论呢?

那是因为，在 A 例句中 X 就等于 Y，二者完全一致，而 B 例句中的 X 只是 Y 的一部分而已。如下图所示，只要看了该图就一目了然。

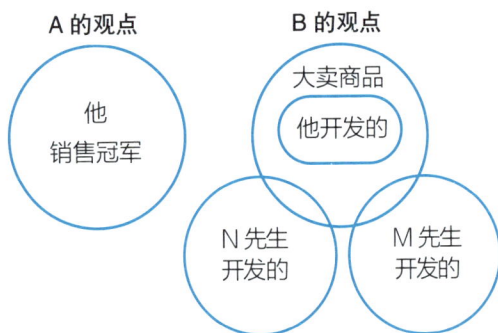

A 的观点　　　B 的观点

他
销售冠军

大卖商品
他开发的

N 先生
开发的

M 先生
开发的

这种谬论虽然看图一目了然，却很难当场立刻识破，因为它的逻辑十分巧妙，特别是加上一句"反之亦然"，许多人不免觉得这样说似乎不无道理。

如果将 B 例句中的"大卖商品"这一词语调换，变成这样：

柴犬当然是狗，所以，眼前这只不明身份的狗肯定是柴犬。

那么任谁都会说："又不是所有的狗都是柴犬！"像"柴犬∈狗"这种具有明确包含关系的情况是容易辨别的，但 B 例句这样的情况，如果不多加注意，人们就会陷入这种"后项肯定谬论"的圈套。比如，下面这个例子就很难判断。

只要能辨别对方的观点是不是谬论，就不会被别人的看法左右。

这明显也是"后项肯定谬论"。可能有些读者会认为：这说的不就是这本书的编写目的吗？但其实不是。

原因是，当被别人的看法左右时，左右你的不一定是谬论，还可能是你和对方的关系或当下的情况等其他因素。

这种"后项肯定谬论"，关键在于适用范围的扩大。

在上面的例子中，前半句说的是"谬论"，后半句则将其替换成了"别人的看法"，从而扩大了适用范围。很少有人会察觉到这种巧妙扩大适用范围的行为，正因如此，这种谬论在媒体、国会以及日常会话、社交平台上层出不穷。

我们来看看具体的例子。

某个电视节目集中探讨了与IR（含赌场的综合娱乐场所）招商有关的现国会议员受贿事件，其中，一位女评论员有如下言论：

自治体方面表示正在制定规则，将禁止工作人员与IR供应商单独会面。原本我们就应该思考IR本身是不是个健康的项目。

渎职行为理应严厉查处，但不是只限于 IR，在遴选公共事业的供应商时为预防渎职而制定规则的先例并不少，日本国土交通省也制作了清晰的操作指南。

诚然，因为可能出现问题，所以要制定规则，但禁止单独会面这个规则是针对遴选供应商过程中的问题而设的。女评论员后半部分的言论扩大了其适用范围，令人觉得好像整个 IR 都有问题，这就是"后项肯定谬论"。

像这种连电视评论员都会出现的谬误，一般人是很难识破的。更令人担忧的是，不论我们生活在哪里，生活中利用这种谬论来引导舆论的恶意言论比比皆是。

而且，哪怕我们自己也会有意无意地在日常沟通中发表这种谬论。

关于这点我们来看下面的例子：

哇哦！之前我超爱的那部电影，虽然现在热度不算高，但影评人 A 先生也对其赞不绝口呢！我是不是很厉害？

这种没有特别深意且很常见的表达也属于"后项肯定谬论"。

"牛人"夸某物，所以夸某物的我也是"牛人"，这样想也许会比较快乐，但夸奖的人不一定全都很厉害，不得不说这种言论太过简单粗暴。

那么，如何才能不被这种难以识破的"后项肯定谬论"迷惑呢？

很遗憾，要识破这种谬论并没有什么捷径和技巧。如本节开头所说，这种谬论非常巧妙，而且配合发言者相应的立场和身份（与"权威谬论"搭配使用），更容易让人觉得很有道理。

所以，这么说可能有些煞风景，但应对这种谬论唯一的办法就是：反复训练本书介绍的方法，培养足以应对谬论的逻辑和思考能力。

要识破这种谬论非一朝一夕之功，这也足见"后项肯定谬论"之复杂。

不过，也并非没有诀窍。如前所述，"后项肯定谬论"往往会扩大适用范围，所以培养识破能力的第一步，就是**当对方把小话题关联到大话题时，要留心警觉。**而关联大话题时常常会出现"原本""但是"等转折词，当这些词出现时，我们就要警觉对方是不是使用了"后项肯定谬论"的手法。

再有就是，建议大家可以多了解、接触具体案例，当作识破训练的一部分。在网上搜索"后项肯定"，就会出现很多"这就是后项肯定"的吐槽，通过不断接触真实案例，便能逐渐培养起识破谬论的能力。

断定"非 X 则非 Y"的 "前项否定谬论"

这次我们先看一则对话。

A：你为什么要对他说"你这个混吃等死的，赶紧给我走人"！这是赤裸裸的职场霸凌啊，如果别人也这么说你，你作何感想？

B：我无所谓啊，那样反而会激起我的斗志，是他太软弱了！

实际上真的有这种对职场霸凌持无所谓态度的人，在本书第二章我们说过，如果思维受限于过往常识，便会得出错误的结论。上面这种言论就是所谓的"前项否定谬论"。

自我们少时起就常常被教导这样一个常识：己所不欲，勿施于人。但从这个常识也可以推导出一个诡辩：己所欲，则可施于人。

上文对话中的职场霸凌言论的借口正是如此，属于不折不扣的"孩童式诡辩"。

"前项否定谬论"的结构是"如果 X 则 Y，所以，非 X 则非 Y"。而"后项肯定谬论"，则是"如果 X 则 Y，所以，如果 Y 则 X"。二者之间的区别就在于否定前项 X 和肯定后项 Y。

换言之，"后项肯定谬论"的问题在于"未必反之亦然"，"前项否定谬论"的问题在于"即使不符合也未必有错"。这两种谬论都巧妙地利用了逻辑的"正反"与"内外"关系。

其实不能断言"非 X 则非 Y"

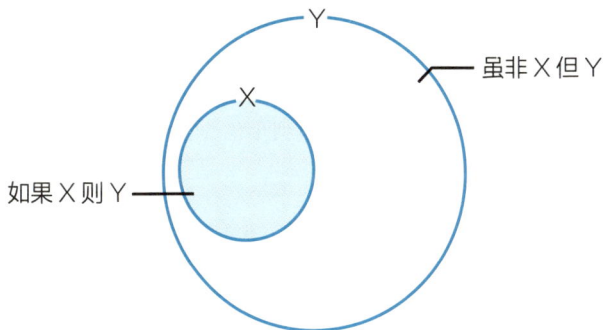

为便于理解，下面我们看两个相关的例句。

A. 御宅族在自己擅长的领域知识都很渊博，你不是御宅族，所以你对自己擅长的领域所知很少。

B. 如果有自动刹车，事故风险就会降低，你的车没有装自动刹车，所以事故风险高。

这两句哪一句属于"前项否定谬论"呢？

相信许多人都能识别出 A 属于"前项否定谬论"，御宅族在自己擅长的领域知识都很渊博，如果对方不是御宅族就认为对方所知甚少，这几乎可以算是故意找碴儿了。

那么 B 呢？其实 B 也是"前项否定谬论"，因为降低事故风险的技术并不只有自动刹车。

如此看来，"前项否定谬论"也是很难识破的谬论。

但为什么 B 比 A 更难识破呢？那是因为 B 的结构中的 X 和 Y 相当接近。

请回忆一下，在后项肯定中，当 X 与 Y 等值时，"反之亦然"才会成立，后项肯定才不是谬论。如果"他 = 销售冠军"，那么"销售冠军 = 他"就成立。

"前项否定谬论"的结构是"如果 X 则 Y，所以非 X则非 Y"，和后项肯定一样，在前项否定中，如果 X 与 Y等值，那就不会成为谬论。

比如"本乡猛是假面骑士 1 号，我不是本乡猛，所以我不是假面骑士 1 号"是对的，不是谬论。但如果是"我不是本乡猛，所以我不是假面骑士"，那就会变成"前项否定谬论"，因为我有可能是 1 号以外的其他骑士。

用刚才的 A、B 例句的结构来看看。

A 中"X= 御宅族"，B 中"X= 自动刹车"，而 A 中
"Y= 知识渊博"，B 中"Y= 事故风险低"。

这里需要注意的是 Y。A 中的 Y，即"知识渊博"，
所指的对象范围非常广泛，学者、职业体育选手等各种各
样的人都可能知识渊博，所以很好识破，因为除了御宅族，
还有很多人知识都很渊博。

而 B 中的 Y，即"事故风险低"适用的状况就十分有限，
所以 A 中的"自动刹车"与之关联甚高。仔细想想，除了
自动刹车，巡航控制或驾驶员预警系统等设备都可以降低
事故风险，但是对汽车不熟悉的人不会知道那些设备，因
此，B 例句的"前项否定谬论"就很难被识破。

由于具有这些特征，所以"前项否定谬论"也是很常
见的诈骗手段。

买了这个壶就会获得幸福，你不幸福只是因为还没遇着这个壶。

像这样，"前项否定谬论"是在推销商品骗人购买时的惯用伎俩。另外，如上述的 B 例句，该谬论也常见于专业性的谈话中，因为如果不了解相关知识，就很难辨别 X 与 Y 之间的弱相关性，所以这种谬论常见于专业性对话中，在政治或经济相关的辩论中也屡见不鲜。

提高消费税会导致经济不景气，所以只要废除消费税，就能促进经济发展。

这种在社交平台上十分多见的观点其实也是"前项否定谬论"，经济不景气不仅仅是因为消费税，消费税可不背这个"锅"。

此外，"前项否定谬论"还常被用于揭他人言论之短。

2007 年，虽然时间有些久远了，但这个例子还是值得一提。当时的日本厚生劳动大臣关于"女人是生育机器"的言论激起了轩然大波，这则言论本身极其荒谬，没有任何可取之处。（他本人可能并没有歧视女性，只是隐喻手法太过低劣。）

在那之后他并未吸取教训，又因辩称"在年轻人希望养育两个以上的孩子这一非常健康的状态下"，遭到在野党的反扑：

难道养育的孩子不足两个就是不健康吗?!

没错，这个在野党的言论就是"前项否定谬论"。针对厚生劳动大臣的观点，即如果"X=希望养育两个以上的孩子"，则"Y=健康状态"；在野党解释为如果"非X=养育孩子不足两个"，则"非Y=不健康"。

但是，厚生劳动大臣绝没有说只有X(希望养育两个以上的孩子)才是Y(健康状态)，所以如果"非X=养育孩子不足两个"，则"非Y=不健康"这种驳斥不过是鸡蛋里挑骨头罢了。

"前项否定谬论"在国会、综艺节目、社交平台上，甚至作为诈骗手法都屡见不鲜，我们应该如何应对这种谬论呢？

坦白地说，和"后项肯定谬论"一样，这种谬论也很难识破。所以大家还是要多留意各种谬论，以此提高自己的鉴别能力，另外，也可以尝试进行相关训练。

比如，参照"前项否定谬论"的结构"如果 X 则 Y，所以非 X，则非 Y"，自己试着造几个例句，如"没有时间观念的人做不好工作，我严格守时，所以我工作出色"。通过提出各种现实生活中存在的"前项否定谬论"例子，应该就能逐渐意识到"原来如此，我将在生活中避免出现这种谬论""要对发表这种谬论的人多加留心"。只有这样才能证明自己识破这种谬论的能力提高了。

以"二者一致"哄骗他人的
"中项不周延谬误"

终于临近"谬论展览"的尾声，这次要介绍的是"中项不周延谬误"。（关于"中项""不周延"这些逻辑学的专业术语的解说，在此从略。）

一言以蔽之，这种谬论以"相似就是一致"这一逻辑诓骗对方。下面我们看一下具体案例。

德高望重的人乐于助人，他乐于助人，所以他德高望重。

仅凭"乐于助人"这一相似点就断定他"德高望重"，这种逻辑推理实在过于牵强，但乍一听倒是让人觉得有些道理，所以这也是一种极其巧妙的谬论。

这种谬论的结构是"X 是 Y，Z 也是 Y，所以 Z 是 X"，属于"中项不周延谬误"。

上述例句或许会让人觉得似乎也不无道理，其实这个例句的结构和下面这句是一样的。

燕子会飞，飞机也会飞，所以飞机是燕子。

这种观点之荒谬一目了然，所以相信大家都能理解这种"中项不周延谬误"有多荒谬了。但是这种谬论在各种场合中也的确司空见惯，下面我们看看具体例子。

工作出色的人沟通能力出色，大家公认我的沟通能力很出色，所以我的工作很出色。

大家身边应该有不少这种想要标榜自己优点的人。毋庸置疑，工作出色的人具备的素质可能包括了沟通能力，但也包括其他素质诸如专业知识、逻辑思考能力、擅长规划等。所以，仅凭一个共同点，就认为自己工作出色，实在自恋。

接下来是一则在社交平台上很常见的言论：

看希特勒就知道，独裁者偏好带攻击性的领导风格，安倍首相曾说"决不能输给这些人"，这则言论也体现了他带有攻击性的领导风格，所以，安倍首相是独裁者。

部分人可能会随声附和："没错没错！ ABE（安倍的别称）就是希特勒！"这也是"中项不周延谬误"。另外，用罗马音"ABE"称呼安倍的做法和此前所述的"FUKUSIMA"一样，都属于"暗示性表达"。

的确，心理学相关论文曾指出独裁者具备那样的特征，但是论文中阐述的特征有七种，仅摘取其中一种然后加以抨击是卑鄙的。不过持这种观点的人多是为了抨击现有政权，所以抨击的素材本身并不重要，这种言论只要无视就好。

中项不周延谬误在助长歧视的仇恨性言论中也很常见，大家应该耳闻目睹过下列观点，或与之相似的观点：

猎奇杀人犯是动漫宅，漫展上聚集着动漫宅，也就是说，漫展是猎奇杀人犯预备军聚集的场所。

这显然称得上歧视性言论了。为了攻击非己所好的人、事、物，将和攻击对象有共同点的恶人或恶性事件引为例证。持这种卑劣观点的人平时就会搜集攻击他人的素材，一旦发现一些共同点，就喜不自胜地引为例证攻击他人。

虽然他们的语气、腔调或表达方式看似认真，捶胸顿足，对所言事物之危害言之凿凿，但实则心中充满恶毒讥讽，衷心希望各位读者千万不要成为这样的人。

在"暗示性表达"中我也介绍过在言论中替换部分词语的隐喻手法，这种隐喻也会以"中项不周延谬误"的形式出现。在前文抨击首相的例句中，希特勒一词也有隐喻的意味。**人们更容易凭直觉理解隐喻的含义，这样便更能增强谬论的杀伤力，应多加注意。**

我们来看看具体案例：

职业棒球选拔枉顾个人意愿全凭棒球团指定，简言之和奴隶贸易无异，所以，应该禁止侵犯人权的职业棒球选拔活动。

也有人将选拔活动和选美混为一谈，不过将其与奴隶贸易这种在当代人人喊打的现象等同并予以抨击，恶意就十分明显了。

这种含有隐喻的"中项不周延谬误"利用人们的印象掩盖其逻辑缺陷，是一种很难识破的谬论。

那么，如何避免轻信"中项不周延谬误"呢？

和之前介绍的"后项肯定谬论""前项否定谬论"一样，

这也是一种很难被识破的谬论。较好的训练方法是将"X是Y，Z也是Y，所以Z是X"中的X、Y、Z替换为其他词语，试着造些句子看看。

另外，在电视或社交平台上看到别人发表看法时，请留意"这和○○一样"这种词语。如果听到"这已经和恐怖主义无异了""这已经和太平洋战争前夕一样了"这样的言论，请多加留心：

对方是否想用"和○○一样"这样的表述来诓骗我们？
在这里将○○引为例证的意义是什么？
所谈论事物和○○的共同点是○○特有的吗？

各位读者朋友可以通过这样的思维训练，培养不受谬论诓骗的眼光和思考能力。

终于要到最终章了，我们已经介绍了各种各样的谬论，该如何避免自己也在无意中发表这些谬论呢？让我们一起思考应对之法。

第五章小结
难以识破的巧妙谬论

错误的二分法

出示两个极端的选项，要求他人作出非此即彼的选择，并简单粗暴地将他人归入某一极端，强行简化事物迫使他人进入自己预设的方向，从而试图控制他人。

应对方法：当对方将选项限定为两个时，质疑对方是否在使用"错误的二分法"，再者，思考并反问对方是否还有其他选项，或者自己出示其他选项。

暗示性表达

故意利用词意差异操控他人对事物的印象，促使他人赞同自己的观点。

应对方法：当察觉到他人故意使用特殊的表达方式、形容词、

副词、隐喻等时，关注对方言论中的"事实"。

无知谬论

以没有证据、无法证明为由全盘否定。反之，以自身的经验和知识为依据固执己见。

应对方法：如果对方提出的证明要求太过离谱，则可向对方

表示，对方有责任出示证据证实自己的观点。如

果对方以自身经验为依据，则可先发制人，出示

对方没有该经历的证据，或者出示对方不知道的

信息或数据。

多数谬论

如同少数服从多数原则，以多数人支持为由，诉诸多数固执己见。

应对方法：先明白数据会说谎这一前提，在此基础上，留意

对方观点所依据的数据是否存在造假、数据抽

取方法不当、"托儿"等情况。明确"大家都赞成""大家都说"等言论中的"大家"是谁。

后项肯定谬论

在 X 未必等于 Y 时，强行将二者等同，狡辩"如果是 X 则 Y，所以，如果 Y 则 X"。

应对方法：当对方把小话题关联到大话题时，就要留心对方的言论是不是"后项肯定谬论"，确认对方是否不知不觉间扩大了适用范围。当出现"原本"等词时也要注意。

前项否定谬论

在 X 未必等于 Y 时，强行将非 X 与非 Y 等同，狡辩"如果 X 则 Y，所以，如果非 X 则非 Y"，常见于诈骗手法或专业讨论中。

应对方法：尝试自己以"如果 X 则 Y，所以，如果非 X 则非 Y"结构造句，熟悉"前项否定谬论"，提高识破谬论的能力。

例：没有时间观念的人工作能力差，我严格守时，所以我工作出色。

中项不周延谬误

仅凭 Y 这一 X 与 Z 的共同点，强行将 X 等同于 Z，狡辩"X 是 Y，Z 也是 Y，所以 Z 是 X"。

应对方法：如果对方使用"暗示性表达"或隐喻，认为"这与○○一样"，则应警觉对方的言论是不是"中项不周延谬误"，然后反问："在此将○○引为例证的意义是什么？""所谈论事物和○○的共同点是二者特有的吗？"

例：不服从居家隔离政策散播病毒的行为与恐怖主义无异。

第六章
避免自己陷入谬论

同样加诸己身的"诅咒"

在前面的章节中，我们介绍了各种各样的谬论以及应对方法。然而，我们应注意到，不仅别人会发表谬论，有时我们自己也会发表谬论。

如果意识到自己所言为谬论，那自觉停止便可，关键是那些我们在无意中发表的谬论。

本书介绍了诸如"稻草人谬误""多数谬论""后项肯定谬论"等各种各样的谬论，一般故意为之的谬论又称诡辩，而像"连坐谬误"这种谬论则是不知不觉间或无意中发表的。

所以，接下来我们将针对如何避免自己无意中发表谬论进行重点说明，以避免无意中将自己的观点强加于人，最终导致人际关系恶化，降低他人对你的评价。

那么，如何摆脱陷入谬论的诅咒呢？这里的重点在于常识，如本书第二章"识破谬论的基本原则"中所述，因为推论时对照的前提条件错误，有些人才会犯下无恶意的职场霸凌或性骚扰。

而错误的前提条件中有许多是已不再适用于当今时代的过往常识或仅适用于企业内部、行业内部的狭隘常识。即使没有恶意，但只要我们职场霸凌或性骚扰了他人，都会给自己带来麻烦，糟糕的话还会受到惩戒。

所以，我们首先应该反思自己认为的常识是否已经过时或过于狭隘，这样做是为了给我们自己减少不必要的麻烦。我们本来就不是会职场霸凌或性骚扰他人的人，只是受经验所限，能避免犯这样的错误的话为什么不做呢？

我之所以会这样想，缘于一条朋友圈。

　　这位发朋友圈的当事人当时十分苦恼，她丈夫动辄对孩子施暴，虽然还不至于让孩子受伤，但只要孩子的言行稍不称意，他便会情绪激动地动手教训孩子。

　　她曾和丈夫认真沟通过，她丈夫也不认为施暴理所当然，但不知为何总是一时心头火起就动起手来。深入沟通后，她了解到原来丈夫也曾遭父母施暴。

　　这个案例象征性地体现了我们的经验如何塑造了我们所认为的前提条件。那位孩子妈妈当时从背后拥抱了自己的丈夫，对他说："你也是身不由己啊！"他们双双落泪。而在那一刻，她丈夫也成功脱离了原生家庭的诅咒。

　　即使没有经历如此戏剧性的故事，我们在迄今为止的人生或社会生活中也收获了各种经验，并因此形成许多常识。如果这些常识仍适用于当下，自然没有问题，但事实并非皆是如此。

　　那是我们所受的"诅咒"，我们因此在无意中陷入谬论的圈套，最终作出霸凌性的言行。

要摆脱"诅咒",就要首先盘点自己的常识，梳理并确认那些自己视为理所当然的事。

分类分析是梳理常识的有效办法，比如根据以下分类进行梳理，就能明确自己秉持的各类常识以及价值观、信念。

工作：结果导向

家庭：父亲应该养家

人际关系：朋友多多益善

兴趣爱好：千金难买心头好

政治：对女性议员不抱期待

经济：中国制造是日本制造的低劣山寨

社会：同性恋不正常

技术：AI 会抢人类饭碗、控制人类，很危险

在这个分类法中，前四个是我们周遭的小世界，后四个是视野扩大后的所谓宏观环境，我使用了"PEST"分析框架，P 是"政治"英文单词的首字母，E、S、T 分别

为"经济""社会""技术"三个英文单词的首字母，由此组成"PEST"。

梳理出自身的常识之后，即可开始发出质疑：这些常识是否过时？是否狭隘？是否有依据？这样我们便会知道，"同性恋不正常"这类观点已经过时，不合时代潮流，而"中国制造是日本制造的低劣山寨"虽然过去是如此，但现在中国产品的品质比之日本也不遑多让，这也是事实。

这是错误的常识吗……

当意识到这点时，我们就成功摆脱诅咒了。

我们常常把坚持己见视为美德，而将改变主意视为朝令夕改的负面行为。

但是，当今世界局势变化万千，令人目不暇接，导致过去笃定的常识也逐渐受到冲击被快速推翻。在这样的时代里，观念依旧固若磐石绝非好事，而是要担心是否会因落后于时代惨遭淘汰。

许多日本企业还沉浸在制造业大国的往日荣光里优哉游哉地度日，导致如今只能步 GAFA（一家大型跨国企业）的后尘。

当然，这并不意味着我们要彻底放弃自己的价值观或信念、常识，而是要重新审视它们是否正确、有无依据。偶尔对理所当然的事情提出质疑，是摆脱谬论的第一步。

事实收集和假设的 提出方法

　　盘点常识时最需要注意的事项，就是正确地收集信息。我们之所以受限于过往常识或狭隘常识，为过往经验所迷惑，就是因为不能及时更新和涉猎相关的信息。

　　我们不了解世界上正在发生什么事情，有了哪些变化，信息在我们这儿是滞后的，那我们的常识便会腐朽僵化，从而导致我们无意中伤害他人。

　　那么，如何获取最新的信息呢?

　　其实最有效的方法就是看报。虽然现如今报纸常被人戏谑是落伍的媒体，但报纸上浓缩汇总了我们至少应该了解的相关领域的最新信息，在这方面，其他媒体无出其右。

哎呀，报纸也太落伍了吧！

这不就是"新潮谬论"吗？

《朝日新闻》和《每日新闻》是"左倾"的反日报纸。

《产经新闻》和《读卖新闻》是和现政权勾结的网络右翼专用报纸。

上述言论和观点都属于"错误的二分法"，而且都使用了"暗示性表达"这一手法试图操控他人形象和想法。

如果你从本书的开头一直读到这里，我相信你可以不受这些偏见的干扰，再一次认识到报纸的优点。

诚然，各家报纸的政治立场各不相同，即使报道的是同样的事件，论调也未必一致。但是，只要不被这些论调牵着鼻子走就好，重要的是掌握事实，而不是各家报纸的主观意见。

先搞清楚事实，再思考各家报纸为何持有这样的观点。你一定可以做到这点，因为你已经逐渐具备了识破谬论的能力。

但是，没有那么多时间把报纸全看完啊！

确实如此，但是，看报纸没必要一点儿不落全都看完。当然，只看体育专栏和电视节目表也是不行的。

除去电视节目表，报纸大致可分为五个部分，分别是头版头条、政治、经济、文化体育、社会。如果时间不够，可以只大概浏览一下新闻标题，感兴趣的新闻可以阅读粗字部分，即新闻内容的摘要，这样就好。正文可以等有兴趣详细了解的时候再阅读。

像这样只看标题和内容提要的话，习惯之后，便能在十分钟以内，最多不超过二十分钟读完一份报纸。只要坚持一周，就能掌握时下的热点信息。

这个习惯将瓦解我们的过往常识和狭隘常识，帮助我们摆脱谬论。

不过，光是培养读报的习惯还不够，还要在了解信息之后，结合事实材料进行思考和分析，这样才能运用信息。

在网络普及之前，"脑袋聪明"和"知识渊博"几乎同义。学习认真，涉猎广泛，知识渊博，我们用聪明来形容这样的人。

但众所周知，在如今互联网庞大的信息海洋里，我们可以轻而易举地在短时间内以零成本获取信息。在这个"百度一下你就知道"的时代，知识渊博的含金量和价值也相对降低了。

所以，如今的聪明人是指能从不同角度发表不同观点的人，也就是独立思考、观点独到的人。

据此，为了成为不受谬论所惑，且自己也不会无意中发表谬论的聪明人，我们将介绍一种"聪明"的读报法。

首先，读完报纸五大部分的标题和内容提要。

然后，只看头版头条、政治、经济、社会的头条新闻。比如这样的新闻：

头版头条：中美贸易第二回合谈判或陷入僵局

政治方面：河野防卫大臣派遣自卫队前往中东

经济方面：或将调查特斯拉失控风险

社会方面：涉嫌酒驾，自卫官被逮捕

接下来，仔细阅读这四则新闻的正文内容，然后提出假设。首先要思考的是为何会变成这样，为何会发生这样的事件，然后思考为什么这则新闻会放在头条。

尝试思考新闻的背景，即每条新闻报道的事件的理由或原因，以及报社的意图。

如此一来，"美国是为了专注于中东的安保问题，所以才打算结束与中国的经济纷争吗？""鉴于 AI 的危险性，是否有人在阻碍引进 AI？""自卫官是否因为现政权而承受了巨大压力？""不，反而是为了给人们留下深刻印象，所以才将这则新闻放在头条吧？"等，打破单条新闻的局限，通过综合分析这些事件，我们可以提出各种假设。

不过这些终究只是假设而已，所以无所谓对错，重要的是思考以及提出自己的假设，而非照搬他人观点。

通过这样的思考训练，我们就可练成不受谬论所惑，同时自己也不会无意中陷入谬论的强大头脑。

另外，虽然目前为止我给大家介绍的方法已经够用了，但还是希望大家能更上一层楼，所以我将介绍一个进阶版的训练方法。

刚才介绍的训练方法中，思考新闻事件的原因，即挖掘新闻背景，是在该新闻事件已发生时提出的针对过去的假设。接下来，我们将基于该假设提出针对未来的假设。

立足于从新闻报道中提出的针对过去的假设，尝试思考如果该假设成立，接下来会发生怎样的事情。

如此一来，就会出现各种各样的针对未来的假设，如"自动驾驶其实还未能实用化""特朗普总统的再次选举是否已稳操胜券""志愿成为自卫官的人大幅减少，或将讨论征兵制的可行性"。

和针对过去的假设一样，这些假设也都无所谓对错，坦白说和幻想差不多。但重要的是，我们要养成思考的习惯，以独到的视角提出自己的观点，这才是该训练的目的。

最后，还有一个小建议。

社交平台也是获取当下热点信息的重要渠道，但我们总是很容易只关注那些能够引起我们共鸣的观点。为了接触客观多元的信息，我们也可以尝试关注那些未必能引起我们共鸣的不同观点（应该拉黑的谬论家除外）。这也是祛常识之昧，筑独到之见的方法之一。

善于沟通是展开正确讨论的第一步

　　为免受谬论危害，以及避免自己也无意识中发表谬论，收集信息是很重要的，而收集信息的手段除了报纸或网络等媒体之外，还包括与人交谈。如果销售人员不擅此道，他将很难达成订单；相亲者不善于沟通，也将很难觅得良缘。

　　从本书的主题——谬论来看，如果不能准确理解对方表达的意思，你可能会无意中发表"稻草人谬误"，而对方也会很疑惑："我并没有说过那样的话啊。"另外，如果不能通过恰当的提问从对方那里获取足够的信息，则可能因样本不足而轻率概括对方的观点。

那么，如何才能正确理解他人说的话，进而更好地沟通呢？其实善于沟通有两层含义，只有两者兼备才能成为一个善于沟通的人。

1. 善于倾听，即倾听对方的表达，并准确理解的能力。
2. 善于提问，提出恰当的问题，有效引导对方表达。

首先，如何才能善于倾听，准确理解对方的表达呢？关键点有两个。

一是留意对方的表达结构。不只是报纸，人的表达也由实际发生的事或数据等客观事实和基于该事实的主观看法构成。

很多时候，对方看似在陈述一个世所公认的事实，但等你详细确认后却发现这不过是他个人的主观意见。所以，我们一定要思考并辨别对方阐述的是事实还是观点，这样一来就更能理解对方的言论了。而且，这种理解还有助于预防"稻草人谬误"。

二是留心连接词。

我们在向他人表达自己的观点时，常常会在表述中使用"比如""要说为什么""但是"等各种各样的连接词（学术上称之为"逻辑符号"）。

在倾听时留意这些连接词，根据对方使用的连接词，我们就能够推测出对方最想表达的内容。

具体而言，当"为此""也就是说""所以""总之""因此"等顺接的连接词或"但是""反之""可是"等逆接的连接词出现时，多是马上要发表结论了。

反之，当"另外""比如""要说为什么"等补足的连接词出现时，这些连接词前面的内容多是对方最想表达的。

当然，这只是概而言之，并非所有人的表达结构都是如此，也有滥用"总之"的表达能力低下的人，但这并不妨碍我们将其作为理解对方表达意思的一个诀窍。

倾听时，要留意表达结构、注意连接词。如此一来，当我们善于倾听，就能减少误解对方观点的情况，并逐渐避免在无意中出现"稻草人谬误"了。

而善于提问则有助于避免因信息偏颇，即选择性无视导致的轻率概括。那么，怎么做才能让我们善于提问呢？这也有两个关键点。

第一个是提问时明确"5W2H"。

比如，当我们问对方"你怎么看"这种令人不知作何回答、含糊不清的问题时，会增加对方的烦恼和困惑。在对话中，问出让对方易于思考和回答的问题很重要，而我们要做的就是明确"5W2H"。

"5W2H"是指：When、Where、Who、What、Why、How、How。单单一个 How 是指怎么做，在 How 后面加上 much 或 long，就会变成花了多少成本、时间等询问数量的问题。

这个"5W2H"将以如下形式明确问题："什么时候"

开始变成这样、"谁"最开始做这件事、你觉得还缺"什么"、"怎么做"才能将其实现。如此便能清晰地让对方知道自己要回答什么问题，提供哪些信息。

然而，像"何时""是谁"这样的问题还好，如"为何""做了什么""怎么做"这些需要经过思考和更多回答内容的问题，却容易让对方陷入长时间的苦恼和思考。比如当别人问我们"为什么客户会提出那样的投诉"，因为思考范围极其广泛，我们会苦恼于需要思考的内容太多，从而陷入长时间的困惑。

这是思考范围过于广泛导致的，所以在提出这类问题时，有效做法是缩小思考范围，这就是善于提问的第二个关键点——提问时提示切入点。

在问下属"（Why）为什么客户会提出那样的投诉"时，可以提示对方先区分一下内因和外因，再思考看看，而不要只是把问题抛出。

具体来说，如下图所示，用树状思维导图展示会更有效。

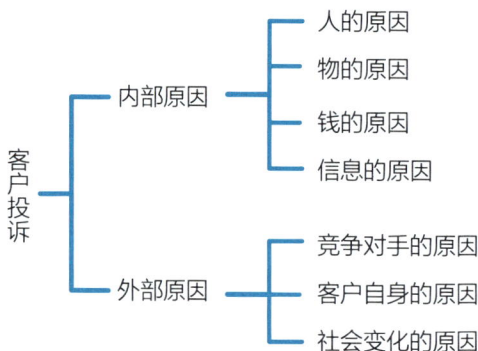

然后，如果我们询问"首先内部原因中，有没有人的原因"，对方就能想出如"说起来客户支持部的某某……"这样的回答，就是找到切入点的效果。

要提出这样的问题，我们自己也得在日常生活中以多元视角思考问题，所以，前文提到的利用报纸做收集事实和提出假设的训练，也有助于提高提问能力，让人变得善于提问。

善于提问，通过提示各种各样的切入点便于对方整理思路、组织语言来回答问题，从而获取更多的信息，这样也能减少因误解和轻率概括造成的谬论和无谓的争执。

成为一个善于沟通的人，善于倾听和提问，这也是避免自己无意中陷入谬论的训练。

摆脱偏见

　　至于没有恶意的谬论，此前已反复说过，错误的前提条件是发生这种情况的重要原因。而深入研究某个领域的人为了避免给别人留下固执己见、难以沟通的印象，往往需要消除固有观念。可事实是，专家们面临着"越是深入研究某个领域，越是难以摆脱惯性思维"的两难局面。经年累月的反复训练，导致他们的思维极端模式化，认为"○○就是这样""○○的时候就是会如何"。

　　如本书第二章中所述，固有观念的形成基于过往经验，而固有观念又成为前提条件，经演绎推理得出错误的结论。正因如此，我们才有必要接触广泛而新颖的信息，不被经验左右我们的判断。

可是，我们受经验的影响如此深入骨髓，经年累月形成的惯性思维不可能朝夕之间彻底消除。即使接触了广泛新颖的信息，我们也会给自己找借口，认为"即使如此""反正这不过是一时的"等，过往经验继续支配着我们的思维过程。

因此，为了摆脱惯性思维，我们还应认识到一点，就是：摆脱偏见。

通过贴标签操控他人形象的行为，其基础正是偏见。

但遗憾的是，偏见也是一种见解，不可能彻底消除，不过我们可以努力。那么，如何才能尽量减少偏见呢？
可行之法是尝试寻找事物的多面性。

所有事物都具有多面性，比如我，讲师、父亲、古典音乐迷、神奇宝贝老驯兽师等，在不同的时间和地点，我会呈现不同的面孔。

另外，是觉得"还有"五分钟，还是"只有"五分钟；以失败为"耻"，还是以失败为"成功之母"，诸如此类都属于同一事物的多面性。

"偏见"一词原本就是指偏颇的见解，无论是人或事，还是状况或现象，都具有多面性，我们看到的都是极为有限的一面，这就是偏见。"所以女人就是……""韩国这个国家就是……"这种具有霸凌性的言论和仇恨性言论，都是基于偏见而产生的。

因此，最重要的是我们要承认"事物具有不为我们所知的一面"这一严肃的事实并将其找出来。比如就算是特朗普，他或许有歧视主义者的一面，但看到美国经济的增长，就能发现他的另一面：实行了较有效的经济政策。

认识到这一点，应该就能减少对他人的中伤，比如在"稻草人谬误"中，我们曾提到"你是在支持歧视主义者吗"这一（可能）没有恶意的谬论。

接下来让我们一起试着探索事物的多面性。

便利店在我们的生活中不可或缺，那么便利店具有哪些特点呢？

我们立刻能想到的大概有"24小时营业的小型超市""网购的取货点""小型书店""厕所"等，还有"公共服务费的支付窗口""消遣场所"等。

然而，这些全都只是便利店顾客眼中的特点，便利店的店长应该会想到"自主创业的渠道"，自主品牌商品的合作开发商则会想到"试营销的场所"。

听到便利店，有多少人能立刻想到这些特点呢？恐怕少之又少。

由这个测试可见，只以顾客视角看待便利店，是可能产生偏见的源头。而探寻事物的多面性需要多元观点。

"多元观点"这一词语看似简单，但要如何才能做到呢？

诀窍在于有意识地调整视角、视野、着眼点。

第一点，关于视角。在便利店这个例子中，除了顾客，还有总部、店长、临时工、物流公司、食品供应商等各种各样的利益相关方，如果我们从他们的视角出发，就能看到许多过去不曾发觉的便利店的特点。

我们看待问题时总是会基于自己的视角，工作上则会基于自己公司、自己部门的视角，所以有些事物的特点，就算是摆在面前，我们也熟视无睹、置若罔闻。比如倘若只以男性视角看待问题，就可能会在职场或社交平台上不慎发表伤害女性的言论。

第二点，关于改变看待事物的视野。看待便利店时，不只是基于自己的行动范围这一狭隘的视野，而是基于全球视野来看待。如此一来，就能发现一些过去不曾察觉到的特点，如"令外国游客吃惊的地点""日本企业进军海外市场的手段"等。

有意识地调整立场、视野、视角

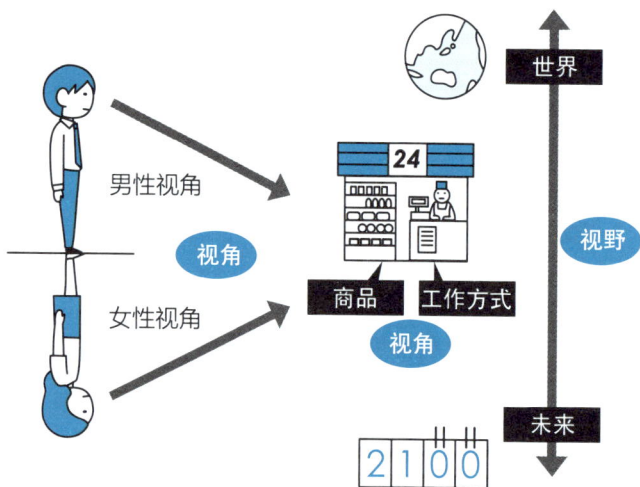

视野不只是空间视野，如附近、地区、国家、世界，还有时间视野，如过去五年间、未来十年间。

困于狭隘世界的常识从而发表谬论的人是空间视野狭隘，而过往常识形成惯性思维从而发表霸凌性言论的人则是时间视野存在问题。

需要注意的是，仅以广阔的空间视野与时间视野看待事物也是不够的，因为只以广阔的空间视野看待事物就会忽略周遭的问题，而只将时间视野指向未来，不过是白日做梦。我们还要学会以某种范围的时间、空间视野看待事物，再有意识地扩大或收窄。通过调整视野宽度，反思自己是否有所疏漏，这才是多角度看待事物的诀窍。

第三点，关于调整着眼点。在看待便利店时，除了便利店的商品以外，如果我们还着眼于工作方式改革、IT、老龄化社会，那又将发现便利店的哪些特点呢？

确定着眼点后，重要的并不是就此固定，而是不断调整。

我们对事物抱有偏见的原因在于我们的视角、视野和着眼点固化，理解事物时有所偏颇，最终说出武断的偏见，如"现在的年轻人就是……"并以此获得优越感。

当人们的视角、视野、着眼点固化，任谁都可能在无意识中陷入谬论，特别是"传统谬论"与"新潮谬论"等。

所以我们首先应该自我反思。

反思自己的视角、视野、着眼点是否固化，是否因此只接触自己想看的、熟悉的信息，以及是否没有恶意却最终发表了谬论。

我自己也不例外，在社交平台上看到某个人荒谬的言论，也会心中焦躁，欲教训之而后快，这种事每天都在发生。

但是，当我试着思考"等等，我为何会焦躁"时，就会发觉自己是因为困于过往常识，于是赶紧删掉已输入一半的文字，这种事在我身上经常发生。不过最近我逐渐明白，许多时候与个体的争执很可能并无意义，所以焦虑也就少了许多。

因此，请先质疑自己的观点。

我一直以谁的视角看待事物？我倾向于以怎样的空间、时间视野看待事物？另外，我平时多着眼于何处，又忽视了哪些地方？

特别是正打算发表观点或反驳某个人的观点、对谁提出意见时，告诉自己：等一等。

如此，我们就能看到原先打算反驳的观点中蕴含的其他观点，或者自己正想提出意见的对象身上隐藏的我们不曾发觉的一面。

这时，偏见就消失了，你松了口气，还好没有陷入谬论。

我将和大家一起，每日修行，留心不要无意中陷入谬论的圈套。

第六章小结
如何避免发表谬论

盘点自身的常识或价值观

反思自己的常识、价值观是否已不适用于当下，属于过往常识和价值观，或是否仅适用于特定的群体、行业，属于狭隘常识和价值观。

收集事实与提出假设训练

了解信息之后，还需要结合事实材料思考分析，才能运用信息。阅读新闻的标题和内容提要有效收集信息，从中思考新闻背景，以此训练自己独立思考、提出假设的能力。

善于沟通

善于倾听：倾听对方的表达并准确理解；

善于提问：抛出恰当的问题获取信息，由此成为一个善于沟通的人。

了解事物的多样性，消除偏见

有意识地调整看待事物的视角、视野、着眼点，理解自己所不了解的多样性。

尾声
反驳之剃刀

"阴谋论"
有时让人笑不出来

- · 不被他人的谬论驳倒
- · 不轻信他人的谬论并被左右
- · 不在无意中发表谬论

为达到这些目标，至此，我们介绍了 27 个注意点，并一起思考了应对之法。

还有各种各样其他的谬论，可惜的是本书未能尽述。

在本书中，我们将逻辑学的"诡辩"一词替换成"谬论"，聚焦于我们在职场或社交平台上屡见不鲜的现象并作了介绍，如果你经由本书而对逻辑学产生兴趣，强烈建议阅读专业书籍以深化知识体系，如此我将不胜欣喜。

关于如何应对那些在本书中未能尽述的谬论，我想最后再说明一点。

大家是否听过反驳之剃刀这一思维方式呢？举个简单的例子：

午餐买的拉面里混入了头发。绝大多数情况下，这都只是失误，可能卫生管理也不太到位。但即使如此，我们也很难认为是有人心怀恶意放入了头发。（当然，这也不是绝无可能。）

这时，如果我们说"这家拉面馆对我有恶意，所以放头发整我"，那真是荒天下之大谬。

像这种失误或以超出能力范围为由就能解释的情况，即使从中发现了恶意也无济于事，这就叫作"反驳之剃刀"。在我们的日常生活中，有很多这样的情况。

会上他那番过分的言论，是因为讨厌我！

……不，那只是因为他表达能力差，或是有口无心吧。

这个客户的提问是打算试探我。

……不，可能只是没理解你的意思吧。

如何？对方并无恶意，只是缺乏知识或技能，或者只是犯了一个低级错误，但我们却会揣测对方是不怀好意、有意为之，大家是否也会于不知不觉间经常产生这样的误解？

绝大多数情况下，我们个人的误解造成的恶劣影响只会波及周遭，影响有限。而那些热衷阴谋论的人，他们造成的恶劣影响波及范围则要广得多。

"新冠病毒是人为开发的生化武器""阿波罗 11 号登陆月球是捏造的""首相企图发动战争"，等等，这种试图从所有现象中找出恶意的言论，正在以社交平台为代表的互联网上蔓延。

如果民众总是揣测政府不怀好意，那么客户与企业、员工与企业、企业与企业等各种各样的人或组织间的信任关系都将岌岌可危，我对此深感恐惧。

"国家与制药公司勾结，推荐民众接种子宫颈癌疫苗"便是这种阴谋论的代表性案例之一。这则言论中甚至加入了零风险思维，让更多的人认为不应该接种对预防癌症有效的疫苗。在某种意义上，这已经是犯罪了。

其他还有"不要吃那些只有医生和企业受益的抗癌药，提高免疫力抗癌吧"等，在性命攸关的医疗领域，各种阴谋论者的危险言论比比皆是。

所以，衷心希望大家不要被那些恶意捏造的阴谋论摆布。

关于新冠肺炎疫情，甚至有言论称"日本的死亡人数少是因为政府隐藏了真实数据"。该言论认为，目前这么少的死亡人数，只有在完美控制所有的医疗机构和自治体的情况下才能实现，但就目前的情况来看，日本政府显然做不到这一点。所以，该言论得出结论：国家正在玩这种瞒天过海的把戏。看到这种言论，我特别想跟对方讲一下何为"反驳之剃刀"。

如今，我们周遭的谬论已经泛滥成灾。

所以，当我们看到或听到引人注意的观点时，在不假思索照单全收之前，请试着分析观点背后的逻辑，留心解读该观点是否具备最新的科学依据，是否隐藏了"权威谬论""同情谬论""暗示性表达"等多种谬论。

请通过独立思考、多接触多元化的观点，提高识破谬论的能力，与试图驳倒你、贬低你、迷惑你、令你屈服的各种谬论作斗争。

另外，偶尔也要停下来，反思自己是否也在基于谬论做同样的事，或者在无意中陷入了谬论的圈套。

衷心祝愿本书能对你有所帮助。

最后，我想引用一则完美否定阴谋论的推特上的言论来结束本书：

大家也太瞧得起政府了，要是日本政府有本事完美实行这些阴谋，那日本的政治和经济也不会这么糟了。

中文简体字版专有权属东方出版社

著作权合同登记号　　图字：01-2022-2028 号

图书在版编目（CIP）数据

学会正确吵架：图解常见谬论及其反驳方法 /（日）
桑畑幸博著；陈江译 .—北京：东方出版社，2022.12
  ISBN 978-7-5207-3018-1

  Ⅰ.①学… Ⅱ.①桑… ②陈… Ⅲ.①语言艺术—通
俗读物 Ⅳ.① H019-49

中国版本图书馆 CIP 数据核字（2022）第 190492 号

学会正确吵架：图解常见谬论及其反驳方法
（XUEHUI ZHENGQUE CHAOJIA: TUJIE CHANGJIAN MIULUN JI QI FANBO FANGFA）
- -
作　　者：〔日〕桑畑幸博
译　　者：陈　江
策　　划：陈丽娜　王丽娜
责任编辑：王若菡　陈丽娜
装帧设计：西穆设计
出　　版：东方出版社
发　　行：人民东方出版传媒有限公司
地　　址：北京市东城区朝阳门内大街 166 号
邮　　编：100010
印　　刷：嘉业印刷（天津）有限公司
版　　次：2022 年 12 月第 1 版
印　　次：2022 年 12 月第 1 次印刷
开　　本：787 毫米 × 1092 毫米　1/32
印　　张：7.5
字　　数：99 千字
书　　号：ISBN 978-7-5207-3018-1
定　　价：49.80 元
发行电话：（010）85924663　85924644　85924641
- -